# 金融機関が思わず応援したくなる事業計画書の活かし方

稟議書を書いて銀行融資を一〇〇〇件実行してきた
資金調達コンサルタントが伝える

伊藤 茂

みらい
PUBLISHING

はじめに

## なぜ、中小企業の経営に「事業計画書」が重要なのか？

こんにちは、伊藤 茂です。

私はある地方銀行で10年働いた後、大手生命保険会社で16年間、保険営業の仕事に携わりました。現在は独立し、中小企業向けの資金調達サポートや資金繰り改善・財務改善の支援をメインとした経営コンサルタントとして日々業務に当たっています。

中小企業とは、資本金3億円以下、従業員数が300人以下の会社のことをいい、日本の会社の約99パーセントがこれに当たります。

日本にこの規模の中小企業がこれほど多く存在しているのは、もちろん素晴らしい経営者がたくさんいるからにほかなりませんが、それと同時に、日本が一貫して右肩上がりの成長を続けてきたからです。極端な言い方をすれば、これまでは仮にトップクラスのサービスを提供できなかったとしても、ある程度の売り上げが維持できましたし、働き手を確保することもできていました。

しかし、時代は変わってきています。

現在、市場のニーズは多様化し、テクノロジーの進化によって一寸先の景況さえ想像できない時代になりました。

ありきたりな商品やサービスでは、もはや誰も満足しなくなっていますし、昨今のコロナ禍の影響の下、これまでのような購買意欲を期待することはできません。

それに加えて慢性的に働き手が不足し、中小企業は常に人材確保に頭を悩ませなくてはならない状況です。

多くの中小企業において、その経営のポテンシャルはほとんどが経営者の力量によります。それはたとえば、経営者自身がトップ営業マンだったり、ずば抜けた企画発案者だったり、最高のムードメーカーであるということです。

おそらくこの本を読んでくださっている皆さんも、「自分は経営者として社内における絶対的な権力を持つと同時に、リーダーシップを発揮して会社を引っ張っていかなければならない」との思いを胸に仕事をしていることかと思います。

残念なことに、どんなに頑張っていても、いつも綱渡りのような経営を余儀なくされている経営者がいます。その一方で、知名度こそないものの常に業績が安定し、堅実な経営を続けている経営者もいます。

この2種類の経営者の違いは、いったいどこにあるのでしょうか。

私はこれまでの業務の中で、経営がうまくいっている会社、失敗する会社を数多く見てきました。その中でわかったのは、うまくいっている会社の経営者ほど、金融機関が応援したくなる、しっかりした事業計画書を持っているということです。

2019年、金融庁はそれまでの金融検査マニュアルを廃止し、企業の事業性を評価して融資する方針に転換しました。それまでは、財務データと保証・担保の内容が融資の判断基準だったのが、事業内容や成長の可能性などを評価して融資の可否を決めるようになったのです。

企業が事業性で評価されるように変わった今こそ、中小企業の経営には今まで以上に魅力的な事業計画書が重要となってきていると私は考えます。

ここでいう事業計画書とは、金融機関の融資を得るための数値を並べただけのものではなく、あなたの会社の事業の「意義」を明確にし、「達成目的」「達成目標」を示した文書のことです。

事業計画書は、経営者のいわゆる「参謀」的存在です。

「名将の陰に名参謀あり」といわれるように、古来、優れた参謀を持つ武将は優れた功績を残してきました。それと同様、優れた参謀を得た経営者も、堅実に事業を運営・展開していけるのです。

経営者は、参謀が示す指針をもとに、会社を望む方向に動かしていきます。参謀の働きによってあなたの会社は大きな変革を遂げ、仕事はずいぶんと楽になるでしょう。従業員自らが時流に合った商品やサービスを提案してくる風潮が生まれたり、職場自体を魅力的なものにしていこうとする動きが起きたりするかもしれません。

経営者自身も些末《さまつ》な雑事にいちいちジャッジを下す必要がなくなり、経営に関する大きなかじ取りに専念できるため、気持ちに余裕が生まれるでしょう。社内の雰囲気も変わり、やがては、あなたの存在自体が従業員に安心感を与えるようになるに違いありません。

それだけではありません。そんな優秀な参謀のいる会社には、金融機関も安心感や信頼感を抱き、応援したくなります。

いかがですか？

皆さんもそんな参謀を手に入れたいと思いませんか？

前述の通り、私には金融機関、生命保険会社で通算26年間働いてきた経験があります。そして現在は独立して事業を営む、皆さんと同じ中小企業の経営者でもあります。そんな私だからこそ、優秀な参謀を得る方法、すなわち、どういう事業計画書が金融機関の心を動かし、融資をしたくなるのか、また、会社のどういう部分が注目され、判断の基準になっているのかがわかるのです。

金融機関が応援したくなる事業計画書を作るための具体的なキモにはいろいろなものがありますが、たとえば私はこんなことを提案しています。

金融機関が企業に融資を行うかどうかを判断する基準に「融資5原則」というものがあります。「公共性の原則」「安全性の原則」「流動性の原則」「収益性の原則」「成長性の原則」です。この「融資5原則」を事業計画書に盛り込むのです。

私は融資担当でしたので、この5つの原則が入った事業計画書と入っていない事業計画書とでは、支店内協議や稟議《りんぎ》を通過するか否かの反応がまったく違うことを実感として認識していました。

また、この5原則を盛り込んだ事業計画書は、融資を受けやすくなるだけではありません。他社との提携や業務の発注など、事業を行う際の関係者に対して、自社の事業を紹介する時のベースの計画にもなります。しかも、経営者も自信を持って経営計画を発表できる。なぜなら金融機関が重視するそれらが事業計画書から読み取れれば、安心感や信頼感は増大するからです。

本書には、こういった、中小企業の経営者が金融機関から好感を得て応援される、つまり資金調達を円滑にしてくれる事業計画書の作り方について詳しく書きました。

また、事業計画書を作成する過程が、会社の仕組み・体制作りをより強固にし、従業員の士気をアップさせていくことについても説明してあります。さらに、私がこれまでサポートさせていただいた中小企業の経営者の考え方や行動をもとに、金融機関が応援したくなる事業計画書の具体例も示しました。

この本を読まれた方が、本書の中から何かひとつでもヒントを得て、新たな考え方に基づいた事業計画書を作成し、今後の経営の飛躍に生かしていただければ幸いです。

伊藤 茂

## 金融機関が思わず応援したくなる事業計画書の活かし方　もくじ



## 第1章　事業計画書の作成作業は、経営者の「思い」の棚卸し作業

## 第2章 事業計画書の作成は、人材確保と人材定着につながる

## 第3章　事業計画書に
## 創業の思いがなぜ必要なのか

# 第4章　事業計画書に創業の「思い」があるからこそ、その商品が輝く

## 資料編

――伊藤オリジナル「資金調達サポート資料」と「事業計画参考資料」

# 第 1 章

## 事業計画書の作成作業は、
## 経営者の「思い」の棚卸し作業

## ▽事業計画書は、家庭における「家訓」のようなもの

経営者と従業員が心を合わせて目標を追い求め、取引先にも金融機関にも応援されて持続的に成長していく会社――。

そうなるためには、魅力的な事業計画書作りが必要である。

これが冒頭で述べた本書の趣旨です。

事業計画書。

こう聞くと、銀行からの融資や資金調達を受ける際に使う「事業計画書」を思い浮かべるかもしれません。収支計画書や損益計算書など、たくさんの数字が羅列されている資料です。

しかし、私がこの本で言う事業計画書は、ちょっと違います。

たとえば、家族を思い浮かべてみてください。

明治~昭和初期の時代ならまだしも、今どき「家訓」がある家庭は少ないでしょう。

しかし現代でも、親自身が「こういう家族でありたい」と思ったり、あるいは、子どもに

対して「こういうことを守れる大人になってほしい」などの方針を持ったりすることはあると思います。たとえば、「ウソをつかない」「自分がされていやなことは他人にしない」「人には思いやりをもって接する」など、たとえそれが明確に文章化されていなくても、その家庭で大切にしたいと考える方針――「理念」――が、なんとなく存在していると思います。

この、なんとなく存在し、共有している理念に従って、お父さん、お母さんたちは折に触れて子どもたちを導き、時に自分たち自身も自らを律しながら家庭生活を営んでいきます。

だから、おのおのの家族が誠実で他人に思いやりを持ってやさしく接することができていれば、お父さんが多少だらしなかったり、子どもが少々学校の勉強ができなかったりしても、それでよしとする。そんな感じです。

しかし、家族なら、「家訓」として明文化されていなくても、なんとなく同じ価値観の下で同じ方向に向かっていくことができるかもしれませんが、これが企業となると、そういうわけにはいきません。

従業員たちは時間こそ長く一緒に過ごしていますが、世代も違えば生まれた地域、育った環境など、個々にそれぞれ違ったバックボーン・価値観を持ちながら働いています。家族が自然に同じ価値観を持ち、同じ方向へ向かっていけるのとは違います。

だからこそ、会社の根底を貫く「家訓」のようなもの、つまりひとつの「旗印」を示す必要があるのです。

これが私の考える事業計画書を作成する際の大事なスタート地点です。

**➡「事業計画書」とは、会社の根底を貫く「旗印」を示したもののこと。**

## ▽事業計画書を作るために明確にするべき3つのこと

私が中小企業の経営者からの依頼で資金調達のコンサルティングをする時は、いつも事業計画書作りからスタートさせます。

最初に、経営者に対して次の3つの質問をします。

1つ目の質問は、こうです。

「あなたはどんな経緯で、なぜこの会社を立ち上げ、社長になったのか？」

これは、「その会社であなたが社長をやっている理由」です。

たとえば、「小さい頃の夢を実現するために、借金を背負って会社を立ち上げた」とか、あるいは「何の疑問も持たずに両親の会社を引き継いだ」などでもいいです。

2つ目の質問は、

「あなたの会社はなぜ、そのビジネスをしているのか？」

そして最後、3つ目の質問はこれです。

「あなたの会社の商品・製品・サービス・事業は、お客様にどんな恩恵をもたらしているのか？」


あなたも、この3つの問いに答えてみてください。

たとえばあなたは、親から受け継いだ会社でボールペンのペン先のボール部分を作っているとしましょう。

この場合、1つ目と2つ目の質問の答えは、あなたが会社を継ぐのが当たり前だと思っていたにしろ、いやいや受け継いだにしろ、答えは「親から会社を受け継ぐと決め、そのまま事業を引き継いだ」となります。

では、3番目の質問の、

「あなたの会社の商品・製品・サービス・事業で、お客様はどんな恩恵を受けているか？」

には、どう答えますか？

答えは「ボールペン」ではありません。

会社が作る部品が、ボールペンになるのはその通りです。しかし、ボールペンというのは、単なる完成した製品にしかすぎません。

そのボールペンは、新人営業マンが、はじめて年間成績優秀者の証しとして会社から表彰された時にもらったボールペンかもしれません。

あるいは、長年勤務していた会社から独立・開業する人が、以前からお世話になっていた取引先の方からいただいた特別なボールペンかもしれません。

いずれも、単なるボールペンではありますが、そのボールペンを見るたびに、ある人は初心を思い出し、ある人は身が引き締まる、そんな特別な思い入れのあるボールペンになっているかもしれないのです。

かつて小さな町工場だった松下電器では、電球を布で磨くという仕事があったそうです。ある日、不満そうに電球を磨いていた従業員に対して松下幸之助は、こう言ったそうです。

「この電球はどこで光っているか知ってるか？　子どもたちが絵本を読んでいると、外が暗くなってくる。そうすると子どもたちは絵本を読むのを途中でやめなければいけなくなる。だが、あんたの磨いた電球が1個あるだけで、子どもたちは絵本を読むことを続けられる。あんたは電球を磨いているんじゃない、子どもたちの夢を磨いているんだ」

つまり、会社の業務が最終的に生み出しているのは、**「あなたが会社でやっている事業の存在意義」**に当たります。

経営者であるあなたは、それまでの経験・経緯から「社長になる」という道を選択し、**「存在意義を持った事業」**を行っています。

その経験・経緯やエピソードが従業員に浸透すれば、どうなるでしょうか？

家族が、自分たちでなんとなく共有している理念に基づいて日々行動するように、従業員たちもそれぞれの意思で仕事に取り組む意欲を持つようになるでしょう。

私の考える事業計画書とは、そういうものです。

**⬇「事業計画書」を作るには、経営者自らの「思い」を掘り下げる必要がある。**

## ▽事業計画書作りは、従業員のモチベーションを上げる

事業計画書に必要な要素は、まず次の3つです。

「あなたはどんな経緯で、なぜこの会社を立ち上げ、社長になったのか？」**（経営者の思い）**

「あなたの会社はなぜ、そのビジネスをしているのか」**（会社の存在意義）**
「あなたの会社の商品・製品・サービス・事業は、お客様にどんな恩恵をもたらしているのか？」**（会社がエンドユーザーにもたらす未来）**

たとえば、私のお客様に、中古バイクの輸出業を営んでいる会社があります。

その会社の事業は、国内で不用となった中古バイクをリサイクルして海外へ売ることでした。売り上げは伸びていました。しかし、資金がうまく回っていなかったのです。

私はまず経営者に、会社を創業した経緯から振り返ってもらうことにしました。

その経営者は、若い頃からのバイク好きが高じてバイクの修理・整備・販売と、中古バイクの買い取り・販売を行っていました。下取りしたバイクや、故障したり長期間放置されて動かなくなったりしたバイクを修理・整備して一般のお客様に売っていたのですが、一般のお客様に売るには程度のよくない状態のものも多く、そういう場合はやむをえず廃棄するしかありませんでした。

大のバイク好きの経営者にしてみれば、

「まだまだ乗れるのに、日本では買い手がつかなくてもったいない……」

と、残念な思いをしたといいます。

一方で世界に目を向けると、日本で価値がなくなったようなバイクを必要としている国はたくさんありました。とくに日本製のバイクは、多少古くても質のよさから世界中で人気があります。日本の工業製品の質の高さは世界中で熟知されていることから、海外のバイヤーからも「日本のバイクならぜひ欲しい」と、買い手がつくのです。

日本で不用になったバイクが、海外で再び活躍する機会を与えられるのであれば、それは素晴らしいことです。社長自身のバイクを愛する気持ちと、まだ使える中古バイクを有効に活用したいと思った当時の思いを再認識していただいたのです。

公共交通機関がほとんど整備されていない東南アジアの国で、日本の中古バイクが市井の人々の貴重な移動手段になっていたり、交通渋滞の激しい市街地での輸送ツールになったりして重宝されている。

自分たちの会社が買い入れ、整備し、輸出したバイクが、海外でこんなにも大切に有効活用されている。もし、自分たちがこの仕事をやらなかったら、日本の中古バイクは、まだ使えるのにもかかわらず、引き取り手もない状態で廃棄処分されてしまったかもしれない。自分たちの仕事は、誰かが不用になったものを、必要とする発展途上の東南アジアの誰かの元へ届ける貢献度の高い、世の中になくてはならない仕事だ。

時間をかけたヒアリングで、経営者が忘れていた会社創設時の初心と、この事業を手がけるに至った「思い」を再確認しました。

これによって経営者は、自社の存在意義・サービスが自信を持てるものであることを、迷いなく従業員に説明できるようになったのです。仕事の意義を再認識した従業員たちは、モチベーションがグンと上がったそうです。

それだけではありません。これを聞いた取引先銀行の支店長も、

「そういう会社なら融資を前向きに検討しよう」

と、応援する姿勢を見せ、

「御社のメインバンクとして、これからもおつき合いさせていただきたい」

と、今まで以上に好意的に融資を検討してくれることになりました。

その結果、もともと業績が上昇傾向だったこともあり、金融機関の支援を受けながら資金繰りも落ち着きを見せたのです。

**「あなたはどんな経緯で、なぜこの会社を立ち上げ、社長になったのか？」**

**「あなたの会社はなぜ、そのビジネスをしているのか？」**

**「あなたの会社の商品・製品・サービス・事業は、お客様にどんな恩恵をもたらしているのか？」**

この3つを明確にし、深く見つめ直すだけでこれほどまでの効果があるのです。

もちろん、この質問に答えさえすれば、それですべてがうまくいくといった単純な話ではありません。その点については、おいおい説明していくとして、現時点では「事業計画書は

会社の羅針盤であるとともに、社長の参謀である」と理解していただければと思います。

**⬇ 事業計画書作成作業で、自社の仕事の「存在意義」が明確になる。**

## ▽ 経営者には、必ずその人ならではの「ストーリー」がある

あなたの会社には、すでに事業計画書が存在するかもしれません。しかし、それをあえて廃止する必要はありません。ここでは、別個に新しいものを作成してみましょう。文言は少しばかり格好が悪くてもかまいません。

前項でもお伝えした、

「あなたはどんな経緯で、なぜこの会社を立ち上げ、社長になったのか？」

「あなたの会社はなぜ、そのビジネスをしているのか？」

「あなたの会社の商品・製品・サービス・事業は、お客様にどんな恩恵をもたらしているのか？」

この3つの質問を自らに投げかけ、ストーリー化するのです。

たとえば、こんな感じです。

・早くに親を亡くした自分は、多くの人が健康に長生きできればいいなと思っていた。残念ながら医師以外の道に進むことになったが、40代になって、たまたま「これは素晴らしい商品だ！」と思える健康食品に出合った。ぜひ、これをもっと世の中の人に知ってもらいたいと思い、健康食品の販売会社を作った。

・祖父の代からの和菓子店を継ぎ、職人の父とともに、母、妻と店を切り盛りしていた。昔ながらの和菓子を作るばかりでは先行きがないとは思っていたものの、どうしたらいいか考えあぐねていた時、近隣のお年寄りがお孫さんとお菓子を買いに来たのに居合わせた。「祖父や父が築き上げ、近所の人たちに親しまれてきた味を生かしながら、若い人たちにも喜ばれるものを作りたい」

　そう思い、昔ながらの和菓子の味はそのままに、インスタ映えする見た目に変更。SNSで発信し始めた。

・ずっと本の世界が好きで、これまで出版社で働いてきた。しかし、現在は出版不況で、本はますます読まれなくなっている。自分はそんな状況を変えたいと思い、ネット世代に訴求するコンテンツ作りを考え、オンデマンド出版の会社を立ち上げた。

いかがでしょうか。このくらいなら自分にも書けると思われたのではないでしょうか。こんな例もあります。

大田区にグループ年商90億円、食品廃棄率0・1パーセントの驚異的な数字を挙げている「玉子屋」というお弁当屋さんがあります。

社長の菅原勇一郎氏は、自らの著書（『東京大田区・弁当屋のすごい経営』扶桑社）に、社長になるまでのストーリーを次のように書いています。

菅原氏は、大学卒業後、家業の弁当屋を嫌って銀行に就職し、その後、小さなマーケティング会社に転職します。ところが転職したその日から先代の社長であるお父さんが自社のエリア担当者に指示し、頼んでもいないのに2年間、毎日無料で社員にお弁当を届けてくれたのです。その姿に心を打たれた菅原氏は、「もっと玉子屋を発展させたい」と思い、二代目を継ぐ決意をしました。

玉子屋の、その後の躍進ぶりは皆の知るところです。

どんな小さな会社にも、必ず経営者には「ストーリー」があります。

魚屋さんだったら魚屋さん、八百屋さんだったら八百屋さんに、「私がこの店をやっている理由」「私がこの店を始めた理由」という、自分だけのストーリーがあるでしょう。IT企業でもコンサルティング会社でも同じです。

それを文章にし、従業員に公表するのです。

文章が書けなければ、まずは誰かに説明するように口頭で話してみましょう。それを録音し、身近な人に書き起こしてもらうといいかもしれません。

私はコンサルタントとして、文章を書くのが苦手な人にこのやり方を奨励していますが、第三者に聞いてもらうと、意外と頭の中が整理されてポイントが浮き上がってくることがよくあります。

**⬇自分が社長になった理由や経緯、会社を経営しているゆえん、すなわち「ストーリー」を文章化してみる。**

## ▽事業計画書は、経営者が初心にかえるための「よりどころ」になる

これまで述べてきた「あなたが経営者になった理由」「あなたの会社がそのビジネスをしている理由」「あなたの会社が最終的にお客様にもたらすもの」すなわち「あなたの会社の

ストーリー」は、事業計画書の核となるものです。

ところが実際は、経営者が会社を創設した際に大事にしていた初心から大きく外れて、まったくあさっての方向の事業に手を出してしまっているような会社が多々見受けられます。

かつては「こういうことがやりたい」という初志の下に経営者になったはずが、「本業が儲《もう》からないから」と、本業とはまったく関係ない投資性の金融商品に手を出したり、小売業だったのに飲食業など別のことに手を出したりして経営資金を使ってしまうケースなどです。

多角化経営を否定しているわけではありません。本業がうまくいかない場合、時代に合わせて違う方向性を見つけていかなければ行き詰まってしまうのは自明の理です。しかし、そこには一本通った筋が必要です。それがないままに多角化経営を考える経営者は、金融機関にも軽く見られてしまいます。

私は銀行員時代に、不良債権回収業務を担当していましたので、こうした事例をよく見てきました。

そういう会社の経営者に言わせれば、「本業を維持するために別の儲け口が必要だった」のかもしれません。

けれども、初心に基づいた考え方、すなわち事業計画書に立ち返る考え方をすれば、必ずその延長線上に困難を突破する方法があったはずなのです。

たとえば、先のバイク好きの経営者が、日本で打ち捨てられる中古バイクを不憫《ふびん》に思い、レストアして海外輸出する事業に乗り出したのはいい例といえるでしょう。ほかにも、不動産業を営む人が、店の半分を使ってカフェをオープンし、香り高いコーヒーを飲みながら興味がある人は物件情報を見ることができるようにするなどの例も、初志と道を違えていないといえます。目先の「儲かりそうだ」とか「今、はやっているから」などの気持ちにとらわれて、脈絡なく筋が通らないことを始めるのは違うということです。

そんなふうに迷った時や悩んだ時にも、事業計画書があれば、自分がその会社を始めた頃の初志から外れていないかが確認できます。

もちろん、思いから外れてさえいなければ、すべてよいというわけではありません。私の知る経営者に、マッサージサロンをオープンさせたばかりの人がいました。働く人たちがみんな疲れ切っているこのご時世に、ひとりでも多くの人に施術をして楽になってもらいたいという志を持って開業されました。

ところが、オープンしてまだその店の収支は安定していないというのに、隣駅の駅前に新たな店舗を買おうと思うがどうだろうかと相談されたのです。

確かに、いい物件には違いありませんでした。しかし、オープンしたばかりの店舗が軌道に乗る前に、今すぐその物件を購入すべきか否か。時期尚早ではないかという懸念はありましたが、「少しでも多くの人に安らいでもらいたい！」という経営者の想いもあり、現在の資金繰りを基に社長と検討した結果、現店舗の資金繰りと合わせて余裕をもった設備投資ができれば、購入の方向で間違いないという方針になりました。もちろんそれだけ魅力的な物件でした。そして、集客予想が多少遅れてもいいように万全の資金繰り計画を立てました。明確な資金使途と金額を記載した説明資料、集客の導線図、資金繰り予定表などの必要書類を記載し、金融機関に提出した結果、満額融資が承認となり、余裕を持った店舗運営を行うことができました。

また、すでに作成済みだった事業計画書を基にあらためて話し合い、事業計画書の中の店舗計画や借り入れ後の資金繰り予想を見直し、今後の経営判断をしていくことができた1つの例です。

事業計画書とは、**経営者にとって常に初心にかえるよりどころ**となるもの。経営の核からブレない行動指針や、経営判断をする際の根拠をもたらしてくれるものなのです。

**➡ 事業計画書は会社が窮地に陥った時の頼れるアドバイザーになってくれる。**

## ▽ 事業計画書は、従業員の使命感を喚起し、目標を定めさせる

従業員にとって事業計画書とはどのようなものでしょうか?

従業員にとっての事業計画書とは、現場の仕事に迷った時に判断の基準となってくれるものです。

この点で有名なのは、世界規模でチェーン展開するザ・リッツ・カールトン・ホテルの「クレド」と呼ばれるものでしょう。

クレドとは、企業活動とか仕事の基準になる信条・志・価値観のことをいいます。ザ・リッツ・カールトン・ホテルのクレドにはこう書かれています。

「リッツ・カールトンはお客様への心のこもったおもてなしと快適さを提供することをもっとも大切な使命とこころえています。

私たちは、お客様に心あたたまる、くつろいだ、そして洗練された雰囲気を常にお楽しみいただくために最高のパーソナル・サービスと施設を提供することをお約束します。

リッツ・カールトンでお客様が経験されるもの、それは感覚を満たすここちよさ、満ち足りた幸福感そしてお客様が言葉にされない願望やニーズをも先読みしておこたえするサービスの心です。」（同社ＨＰより）

正確にいうと、これは「行動指針」ですが、従業員は常にこの文言を書いた小さな冊子を携帯し、あらゆる場面でそれに照らして行動を自主判断するのだそうです。

それゆえこのホテルは、１８９８年の創業以来現在に至るまで、「一流のサービスをしてくれるラグジュアリーなホテル」として数々の名誉ある賞に輝き、その名声は広く世界中の人々に認知されています。

ほかの会社の例を挙げてみましょう。

「真面目なる技術者の技能を、最高度に発揮せしむるべき自由闊達《かったつ》にして愉快なる理想工場の建設」

会社設立の目的をこのようにうたっている会社があります。

ソニーです。

こんなユニークな理念があったからこそ、ステレオカセットプレーヤー「ウォークマン」や、四足歩行する愛玩ロボット「ＡＩＢＯ《アイボ》」など、創造的でアイデアにあふれた商品を開発することができたのでしょう。

こんなふうに事業計画書が「文化」として定着するのは、その企業にブランド力があり、歴史を持っているからかもしれません。しかし実際、会社設立の目的や行動指針を大きく掲げている大企業であっても、すべての従業員が毎日それを意識しながら働いているわけではないでしょう。

ましてやあなたの会社は、そこまでのブランド力や歴史はまだなく、むしろ、これから作っていこうとしているところだと思います。

あなたがこれから作る事業計画書が、すぐに従業員に浸透し、心から礼賛される信条にまで高められるかといえば、それは簡単なことではありません。理想論になってしまう可能性もあります。

ものの本には、「事業計画書は、会社がビジネスという大海にこぎ出でるための羅針盤である」という記述がよく見受けられます。私もこの本でそのように表現していますが、実は中小企業における事業計画書の果たす役割は、航海における羅針盤以上だと思っています。

確かに、船の航海に羅針盤が必要なのは言うまでもないことです。目的地を定めずに出航することはありませんし、羅針盤を持たずにこぎ出すこともないでしょう。しかし私は、羅針盤そのものより、それを作る過程が大切だと申し上げたいのです。

会社を創業した時、あるいはこの事業を始めようと決めたとき、「自分はどんな経緯で、なぜこの会社を立ち上げ、社長になったのか?」「自分の会社はなぜ、このビジネスをしているのか」「自分の会社の商品・製品・サービス・事業は、お客さんにどんな恩恵をもたらしているのか?」——を明らかにする過程が大切なのです。

極端に言えば、その作業をすることで、あなただけでなく、従業員にもその志・思いが浸透していくでしょう。

たとえばあなたが乗組員とともに航海していたとします。折悪しく、ひどい嵐に遭遇して羅針盤を紛失してしまった時、あなたは「羅針盤がないから」と言ってすぐにあきらめ、嵐に身を委ねるでしょうか？　たとえ羅針盤が手元になかったとしても、出航前に準備し、確認し合ったもろもろの計画・方針、目的地を思い浮かべ、生き延びる術《すべ》を探ろうとするでしょう。乗組員も同様に、自分たちの知恵をできる限り絞って力を合わせようとするに違いありません。

事業計画書も、これと同じです。

あなたは、事業計画書を作る作業・過程を通して創業時の初心や思い、到達したいと掲げた未来を再認識するでしょう。それを従業員に示すことで、従業員の中に「この会社で自分は何をすべきか？」という使命感や目標が自然に生まれ、会社と共に歩んでいこうとする姿勢が見られるようになります。

**➡どんな事業計画書を作るかが重要ではなく、事業計画書を作る「過程」が重要。**

## ▽事業計画書が従業員に浸透すれば、従業員に一体感が生まれる

事業計画書は、従業員全員に共感・共有され、浸透していなければなりません。これは、経営者の判断が、事業計画書に基づいて公平に行われていると広く認知してもらうことにつながります。

たとえば、会議でAさんとBさんがそれぞれ提案書を出したような時にも事業計画書は活用できます。

AさんとBさんの提案書を見た経営者が、会社の事業計画により近いAさんの案を選んだとします。この時、従業員に事業計画書が浸透していれば、Aさんの案が会社の事業計画に近いから経営者がそちらを選んだとわかるでしょう。Bさんも、ほかの従業員も、そのことを不満や疑問に思うことはありません。

しかし、事業計画書が従業員に共感・共有されていなかったり、浸透していなかったりすれば、Bさんは自分の案が却下された理由がわからず、経営者に対して不満を抱いてしまう可能性もあります。

もちろん、経営者には考えがあり、常に会社の未来や従業員の行く末を見据えた選択をしています。ほとんどの経営者は従業員に繰り返しそれを伝えているつもりでいますが、実のところ従業員にはその真意が伝わっていないことのほうが多いのが現実です。

それを解決するのが事業計画書です。

事業計画書を作り、それを従業員全員に共感・共有・浸透させることは、経営者と従業員のこうした意識のすれ違いを防ぐことにも使えるとともに、互いの信頼感を高める上でも、とても重要です。

事業計画書が、経営者と従業員の間の意識のすれ違いを正すためには、ポイントがあります。

模範解答としては、次の2点が挙がることが多いようです。

❶経営者自身が何ごとにおいても事業計画書に則《のっと》って判断していること。
❷従業員がきちんと事業計画書を理解し、それに共感していること。

しかし、この2つは至極当然のことであり、あえてここで言うほどのことではありません。

私は、経営者自身が事業計画書の作成を楽しむことが、経営者と従業員の意識のすれ違いを是正するための最善の方法だと考えます。

「本当に効果があるのか?」とか、「事業計画書が必要なのはわかってはいるけれど、つい後回しにしてしまう」などと思ってしまいがちなのもわかります。ほかにやるべき緊急で重要なことがあるのも理解できますが、緊急ではないものの、重要度は高い案件と認識していただき、一度時間をとってみましょう。

そして、せっかくやるのなら前向きに、ワクワクした気持ちで取り組みましょう。そうすることで従業員たちが自然に興味を示してくるかもしれないからです。人間とは不思議なもので、人が楽しそうにしていることには関心を抱きます。従業員の少ない会社にとって、関心を抱いてもらうことは最も効果的です。

ですから、作成中は折に触れて、従業員たちに事業計画書を作っていることや、その内容について楽しげに話してみてください。

従業員からしてみれば、同じ労力で同じ給料がもらえれば、極端な話、事業計画書がどうだって自分とは関係ないことかもしれません。

しかし、従業員にだって、ただ淡々と言われた業務をこなして就業時間を過ごすのではなく、自ら意欲的に業務に関わりながら仕事をしていきたいという気持ちがあるはずです。人間には社会的承認欲求があるからです。事業計画書を作ることは、それを喚起するための仕組み作りでもあります。

事業計画書を作ることは、食事のメニュー作りに似ています。

たとえば、あなたは夕飯の食事当番だったとします。あなたは家族にこう聞きます。

「今晩、何が食べたい?」

家族はこう答えます。

「カレーが食べたい!」

ところが、冷蔵庫にはカレーの材料は一切ありません。

「材料がないから、カレーは作れないよ」

そう言ったとしたらどうでしょう？

「じゃあ、最初から何の材料があるのかを言ってよ」

と言われてしまうでしょう。

これと同じです。

経営者が何も条件を示さずに従業員に、

「何か新しいビジネスプランを出してほしい」

「新しい計画案はないか？」

と言えば、従業員は思いつくままプランを出してくるかもしれません。その時、それが事業の方向性から外れてしまっていれば、経営者はそれを却下せざるをえません。

このような状態を回避するためにも事業計画書は有効です。手持ちの材料、つまり基本方針、前提条件を示すことができるからです。

その場合、こういう聞き方をすることになるでしょう。

「冷蔵庫に、じゃがいもとにんじんと玉ねぎと豚肉があるけれど、夕飯は何が食べたい？」

こう聞けば、

「肉ジャガが食べたい」

あるいは、

「カレーが食べたい」

と答えてくれるでしょう。

もしかするとひねりをきかせて、

「豚肉の煮込みが食べたい」

と、答える人もいるかもしれません。間違っても冷蔵庫に入っていない、「牛ステーキが食べたい」とは言わないはずです。


このように、事業計画書を作ることは、手持ちの材料——会社を作った時の初心だったり、志だったり、エンドユーザーにもたらしたい未来だったり——を明確にし、それ以外のものが範疇《はんちゅう》外であることを示せます。

また、時としてそのような範疇外のアイデアがもとになって、卓抜した商品やサービスなどが生まれる可能性もあります。ですから、範疇外の意見が出てきた時にも「これは、事業計画から外れているから……」と打ち捨てるのではなく、それが出てきた理由を聞いて、今後のヒントとして活用することもできます。

ところで、経営者が事業計画書を効果的に活用するために私がお勧めしているのが、従業員のライフプランシートの作成です。

ライフプランシートとは、人生の中で想定される大きなイベントを考え、お金が必要になるタイミングやおおよその金額をあらかじめ把握して書き込むシートです。

従業員ひとりずつのライフプランシートが記入できると、

「この従業員は、○年後に子どもが進学する」

「あの従業員の親御さんは、△年後には介護が必要になってくるのではないか」

など、ざっくりと見当がつけられます。それによって、従業員を取りまく環境に目星がついたり、勤務体系が変化する可能性などが、ざっくりと把握できたりします。

ライフプランシートを作成するにあたって何より重要となるのが、日頃からの従業員とのコミュニケーションです。普段、雑談などもしない上司から、いきなりプライベートな質問を矢継ぎ早にされたら、従業員も不信感を抱いてしまうかもしれません。そうならないように、従業員とのコミュニケーションは積極的に取るようにしましょう。

もちろん厳密でなくても大丈夫です。従業員の将来的な動きが予想できれば、それだけでも全然違ってくるでしょう。

## ➡事業計画書には、経営者と従業員の意識のすれ違いを是正する力がある。

## ▽事業計画書の作成は、あなたの会社にさまざまなメリットをもたらす

事業計画書には、経営者が掲げる事業の目標も示す必要があります。

たとえば営業会議で経営者が「売り上げ目標を2億円にする」と発表したとします。

この時、重要になってくるのは、「なぜ2億円なのか?」という根拠です。

経営者の感覚では、売り上げが伸びれば会社は成長すると当然考えるでしょう。設備投資もできれば、人材だって増やせる。従業員の給料もアップできる。

だから、「売り上げ目標を達成すれば、従業員だってうれしいはずだ」と単純に考えてしまいがちですが、表現の方法を変えるのです。

従業員の立場からすれば、根拠の示されない数字目標は現実味がないばかりか、

「会社や経営者のための数字?」

「会社の売り上げが伸びて会社が大きくなることは自分とあまり関係ないけど、仕事の量が変わらなくて自分の給料が上がるならば、まぁいいか」

と映ってしまう可能性もあります。それでは悲しいですよね。

人の働く第一の目的がお金であることは当然の事実です。しかし、それだけだと永続的なモチベーションにはなりません。

仕事のやりがい、モチベーションには4つの段階があり、その頭文字を取って「4つの

M」といわれています。

その4つとは、「MONEY（お金）」、「MEDAL（褒賞）」、「MISSION（使命）」、「MESSAGE（発信）」です。

まず「お金」。お金がなければ人は生きていくことができません。お金のために働く。それが第一段階です。

経済的に満たされると、人は役職とか肩書とか称賛などを求めます。他人からの「褒賞」、人から認められたくなるのです。

その次は「使命」です。自分は何のためにこの仕事をしているのかを自らに問いかける段階に至ります。

そして、それがわかった時、人は自分の考え方ややり方を他者に「発信」し、人に伝えたい、影響を与えたいと思うのです。

つまり、人はお金を得るために働きますが、そのモチベーションはお金だけで保たれるわけではないということです。

ですから、2億円の売り上げ目標を掲げるのであれば、経営者は「2億円の売り上げが達成できれば、従業員に何が起こるのか」を明確に説明する必要があります。

たとえば、

売り上げを達成する。

←それによって設備投資ができる。新商品開発にお金を回せる。人材も確保できる。

←それによってもっとたくさんの人に、自社のサービスや商品を提供できる。

←それによって会社は社会に貢献できる。

←それによって従業員は社会貢献をしている会社に所属している喜びを感じられる。


こんな具合です。

自分のいる会社で、こういった喜び・達成感を味わうことができるとわかれば、従業員も頑張って売り上げを伸ばそうと思うようになるでしょう。

この章で私は、事業計画書の役割、そしてそれを作ることの大切さについて述べてきました。

ともすると事業計画書とは、金融機関からの融資を得るために作成したり、士業の人に作成を依頼したりする、しゃくし定規に数字を羅列した資料だと考えられがちです。しかし、私の言う事業計画書は、そうではありません。経営者自らが、先に挙げた3つの質問、

❶「あなたはどんな経緯で、なぜこの会社を立ち上げ、社長になったのか？」

❷「あなたの会社はなぜ、そのビジネスをしているのか？」

❸「あなたの会社の商品・製品・サービス・事業は、お客様にどんな恩恵をもたらしているのか？」

を自問自答し、自ら手を動かして作成する過程に意味があるのです。

また、事業計画書で「あなたの会社が、そのビジネスをしている理由」を明らかにすることには、従業員が、

「自分は今こういう会社で、こういう仕事をしている。そしてその仕事は世の中でこういう役割を果たしている」

と、自らの仕事に対する誇りを持てると同時に、家族や友人などに対して希望を持って語りやすくなるメリットもあります。これは、経営者が想像する以上に、従業員にモチベーションを与えます。

たとえば、私が働いていた大手生命保険会社では、営業担当者は自分たちが保険を売る「理

由」を明確にしていました。

それは、

「当社の使命は、合理的な生命保険と質の高いサービスを提供することによって、顧客の経済的保障と安定を図ることである」

というものでした。

これがあるおかげで、社員自身もモチベーションの維持が図れましたし、社員の家族や周囲からの理解を得ることもできました。


たとえ、会社が事業を行う理由や、従業員がその会社で仕事をするモチベーションが明確になっていたとしても、会社がピンチに陥って期待通りの収入が得られなくなれば、それが原因で離職する従業員も出てくるかもしれません。

しかし、そんな時にも事業計画書が存在していれば、お金を貸してくれる金融機関が出てきたり、誰かひとりでも残ってくれる従業員が現れたりして、そのピンチを乗り越えることができます。

事業計画書を作ることの何よりもの効果はここだと、私は考えています。


**➡会社がピンチの時、事業計画書の存在は、強力な頼みの綱になり得る。**

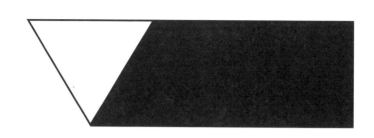

# 第 2 章

## 事業計画書の作成は、
## 人材確保と人材定着につながる

## ▽事業計画のビジョンを実現するのは、従業員である

第1章では、中小企業における事業計画書の必要性についてお話ししてきました。この中でとくに大切なのは、事業計画を作成する過程です。この過程は、多少時間がかかったとしても大いに楽しんでもらいたいと思います。

さて、事業計画書ができ上がったら、さっそく実践していきましょう。この時、何が一番大事だと思いますか？

「そりゃあ、資金だろ？」

「いや、会社の信用じゃないの？」

いろいろな声が聞こえてきそうですが、答えはズバリ「人材」です。事業計画を実現してくれるのは、従業員にほかなりません。

この章では、事業計画の実現に欠かせない人材について話をしていきましょう。

企業の経営者と従業員の関係は、プロ野球チームの監督と選手の関係にたとえられます。たとえばその野球チームが、昨シーズンはBクラスだったとします。

監督は、今期チームが目指すところ——優勝なのか、Aクラスなのか、それとも今期とは言わず、複数年計画で優勝を目指すのか——などの目標・ビジョンを立てます。これが、企業における事業計画——戦略——です。

その目標に沿って、たとえば優勝するのに100勝必要なら、A投手はそのうちの15勝、B選手はホームランを20本……、など期待するところを具体的な数字に落とし込み、選手に提示します。これが戦術、すなわち課題です。

監督が、ただ単に「勝つぞ！」と言っているだけでは、選手はピンとこないでしょう。しかし、目標・ビジョンと戦術が具体的になることで、それぞれ自分がどういう役割を果たせばそれを達成できるのかがわかってきます。

「優勝」という目標を設定して、チーム全員で共有する。「優勝に向かって一丸となって頑張ろう！」と気持ちを定めるだけでも、意識が変わってくるでしょうし、踏ん張りもきくでしょう。チーム全体のモチベーションも変わってきます。

目標と課題が設定されれば、選手はその目標に照準を合わせて、自分の課題を遂行していこうと努力を始めるでしょう。

その結果、チーム全体の力が上がって優勝に手が届く可能性は大です。

ところで、中小企業の場合、戦略は立てられても戦術というところまで落とし込めていないところが多いのではないでしょうか。

そのため、ただ漠然と「勝て！」と言われても、単なる掛け声にしか聞こえず、従業員のモチベーションも上がらない状況にあるのかもしれません。

そんなことを言うと、

「いやいや。プロ野球の監督と中小企業の経営者では、全然違うよ。ウチみたいな会社は、社長である自分が選手としてバリバリ働かなきゃダメなんだから……」

そう反論する人もいるかもしれません。確かに、中小企業の経営者は、プレーイング・マネージャーであることが多いでしょう。

しかし、業務中は従業員と同じように一選手として仕事をしていても、会社の戦略を考えている時には監督として、つまり経営者として考えていますよね。その監督の視点で、戦術を練る必要があります。

監督の自分と選手の自分……、双方を分けて考え、状況によって視点を変えてみると、一段と鮮明に見えてくるものがあるのではないでしょうか。


**⬇目標・ビジョンを実現するためには、従業員個々の役割・課題を設定することが重要。**

## ▽事業計画書を現場で最大限活用するために経営者がやるべきこと

事業計画を実現できるかは、従業員の力にかかっています。

経営者がいくらひとりで奔走しようが、げきを飛ばそうが、従業員が動いてくれなければ、事業計画を実現するのは難しいでしょう。

従業員を動かすのは、モチベーションです。それぞれの能力はほとんど変わらなくても、モチベーションが上がると、時として本来の実力以上のパワーを発揮することがあります。その結果、生産性が高まりますし、目標や計画の達成もぐんと近づくことになります。

逆に、モチベーションが下がったままでは、せっかくのポテンシャルを発揮することはできません。

先ほどの野球チームの例でいうと、選手のモチベーションが上がれば、130キロの球を投げる投手が、160キロは無理でも135キロの球を投げられることもあります。

また、2割そこそこの打率の選手が、2割5分程度を打っても不思議なことではありません。

これは、「チーム一丸となって優勝を目指す」という目標が明確に与えられたことがモチベーションにつながっていることもあるでしょう。

また、監督が何かにつけて気にかけてくれて、
「頑張ってくれているけど、ヒジの調子は大丈夫か？」
「この間のピッチングよかったよ」
などと、気遣いやねぎらい、称賛の言葉をかけてくれることを意気に感じていることもあるでしょう。

人は感情の生きものです。相手が自分に関心を向けてくれること、とくに認められたり、褒められたりすることで、がぜんやる気が出てくるものなのです。

一方で、自分の自慢話の受けがいいと勘違いしている経営者もいらっしゃるかもしれません。

私の銀行員時代にも、そのような上司がいました。宴席はもちろん、打ち合わせや会議の場など事あるごとに、自分の過去の仕事の武勇伝や手柄話を延々と話すのです。

彼からしてみれば、部下や後輩を叱咤《しった》激励したり、指導したりしているつもりなのかもしれませんが、聞かされるほうはうんざりするばかり。まさに、モチベーションは下がることはあっても上がることはないでしょう。

当時の私も同僚と、
「また始まったよ……」

と、顔を見合わせたものでした。

経営者のやるべきことは、10のエネルギーを使って武勇伝を語るより、10のエネルギーで従業員に関心を向け、話を聞く。そして、相手のことをより知ろうとすることです。そのほうが、よほど従業員のやる気、ひいては生産性が上がるのではないでしょうか。

従業員の話に耳を傾け、関心を持つこと。それは、事業計画書を作るのと同じくらい大事なことといえるでしょう。


**➡経営者が全力で従業員に関心を向け、よく聞きよく知ることは従業員のモチベーションアップの特効薬になる。**

## ▽事業計画書を上手に運用すれば、いい人材が定着する

２０１７年のデータに、こんなものがあります。この本の原稿を書いている今（２０２０年９月）もそう変わらない構図のデータです。

中小企業基盤整備機構が実施したアンケート調査報告「人手不足に関する中小企業への影響と対応状況」によると、有効回答企業数１０６７社のうち、人手不足を感じている企業は

73・7%、そのうち52・8%が人手不足を「深刻」「かなり深刻」と答えています。

また、厚生労働省の調査では、2016年3月卒業の新規高卒就職者の約4割、同大卒就職者の約3割が、就職後3年以内に離職していることがわかりました。

これを事業所の規模別で見ると、大企業（従業員1000人以上）大卒者の25%、高卒者の26%が3年以内に離職しているのに対し、中小企業（同100〜499人）では大卒32・2%、高卒37・6%、小規模企業（同5〜29人）では何と大卒49・7%、高卒55・4%と、約半数が3年以内に離職していることがわかっています。


「わざわざこんな数字を見なくても、中小企業の人材不足なんか身に染みてるよ……」

そんな悲愴《ひそう》な声が聞こえてきそうです。

これほど厳しい状況にあっても、いえ厳しいからこそ、中小企業の経営者の皆さんは、新しい人材を確保しなければなりません。本当に頭の痛い問題ですね。

そのために、つい広告の営業マンの話に飛びついて、高い求人広告を出してしまった。人材採用に成功報酬で高い費用を支払ったわりには、実際入社して来たら予想と違っていた……そんな話もよく耳にします。

それでも、ちゃんと人材を確保できればいいけれど、いい人が見つからなかったり、見つかってもすぐに辞めてしまったり……。

「高いお金をかけたけれど、やっぱりダメだった。失敗した……」

と後悔している経営者も少なからずいるようです。

しかし、それは時流のせいでも、広告会社やエージェントのせいでもありません。本当のところは企業の体制に問題がある可能性もあります。採用後の社内運用の土壌ができていないと、たとえ採用したとしても従業員が定着することはありません。

新人が入ってきても、従業員は自分の仕事が忙しく、コミュニケーションを取ろうにもなかなか気持ちも手も回らない。その結果、コミュニケーションが不足し、新人はどんどん孤立感を深めて会社に居場所を感じられず、結局は辞めてしまうことにつながるのです。

残念ながら、そんな状態では採用にいくらお金をかけようとも、人材は定着しないでしょう。

私は、この困った状況を解決するひとつの手段として、事業計画書を活用していただきたいと思います。

私のクライアントに、介護事業を営むお客様がいらっしゃるのですが、そこでは金融機関に提出するものとは別に、従業員向けの事業計画書を作っています。それを面接時に見せ、経営者がどんな思いでその事業を立ち上げたか、どんな思いを持っているのかなどについて説明しています。

中でもユニークなのは、その中に、従業員の行動指針について書かれたページや、職員のタイムスケジュール、スタッフの紹介ページなどが設けられている点です。

これを読めば応募者は、会社の目指す方向や自分に期待されていることが理解できますし、入社する前からその会社で働く自分の姿をイメージすることもできます。

つまり極端に言えば、その事業計画書に共感した人・理解した人しか入社してこないということです。これは結局、従業員の定着率アップにつながります。

素晴らしい事業計画書の利用の仕方だと思います。

**➡ 事業計画書を面接時に見せることで、入社前と入社後のイメージのギャップを少なくできる。**

## ▽ 新しい人材は、現場にうまく組み入れられてこそ活躍できる

世界的に有名なアメリカのＩＴ企業が、人材を採用するにあたっては、事前に当該部署の従業員すべてに意見を聞き、たとえひとりでも反対意見があれば、そこには人を入れない決断をするという話を聞いたことがあります。

アメリカの巨大企業の話であり、中小企業の人材活用にどう関係があるのかと訝《いぶか》る人もいるかもしれません。

それもごもっともなのですが、そんな大企業が、なぜそこまで手のかかることをやっているのかということです。それは、新しい人材が入ってきたときに現場で活躍してもらうためです。

新人が現場にちゃんとなじめなければ、力を発揮するのは困難です。とくに、その場に「そんなヤツ必要ない」と考えている人がいれば、なおさらです。

中小企業の場合は、もちろんそのＩＴ企業のようなことができるわけがないのですが、新しい人材をどう現場に組み入れるか、どう現場にうまくなじませるか、ということが重要なことに変わりはありません。

とくに、新人は社長とタッグを組んで活躍するというわけではなく、現場の体制の中で力を発揮してもらわなければなりません。既存の従業員たちの受け入れ態勢と、新人がそこにうまく入っていける〝なじみ力〟のようなものが必要になります。

さらに、それをバックアップするのが、経営者の気配りです。

「どう？　もう慣れた？」

「何か困ったことない？」

先ほどの野球チームの監督のように、顔を合わせたら、相手を気にかけていることをそれとなく伝えましょう。それが新人のモチベーションを高めます。

経営者はここでは、どちらかといえば〝御用聞き〟のようなスタンスでいいのではないでしょうか。

というのも、事業計画書があり、経営者が日頃からビジョンを語っているので、現場にとやかく口出しせずとも、その体制が混乱するようなことはないはずだからです。

**➡ 新しい人材が活躍するには、現場にうまく組み入れ、なじませる必要がある。**

## ▽ 経営者が採用面接の際に押さえたい3つのポイントとは

「面接では、どうしても履歴書のネガティブ要素にばかり目がいってしまうことが多くて……」

つい尋問調になってしまったり、どう話を広げたものか迷ってしまったり、戸惑いを覚えている経営者も少なくないようです。確かに、採用の入り口である面接の現状はなかなか厳しいですよね。

私は人事のプロではありませんから、面接のやり方についてご教示するつもりはありません。ただ経営コンサルタントとして、経営者の皆さんの大きなビジョンを実現するためのアプローチとなるよう、押さえておきたいことだけお伝えします。

それが、次の3つのポイントです。

❶会社の創業の経緯とビジョンを語る
❷相手に関心を持つ、価値観を探る
❸会社の事業計画との一致点を探る

この3つをうまく活用できたらいいと思います。

「いきなり創業のことなんて語れないよ」という人もいるかもしれません。しかし、面接されるほうの立場になれば、自分のことを聞いてほしいけれど、相手（会社）がどういう状況かよく知らないと話しにくいところもあるでしょう。

まず、「うちはこういう会社だ」ということを開示してみてはどうでしょうか。その開示の方法も、相手が興味・関心を持つようにしないといけませんが、反応は今までと変わるはずです。

ひとりよがりの一方通行の開示では、相手はどんどん口を閉ざしてしまうことにもなりかねないので、一方的にしゃべるのは要注意です。

あなたは、そういうことを興味深く相手に伝えられるような戦略を、ちゃんと持っているでしょうか？

事業計画書が作ってあれば、そこは非常に組み立てやすいのではないでしょうか。
❶に相手が興味を持ち、何か聞いてきたら、そこを話の糸口にするのもよいでしょう。
もちろん、趣味でも関心事でも相手が興味を持って話せることを探っていけばよいのです。

面接でのゴールは、あくまでも❸の事業計画との一致点を探すことです。

それを見いだすためには、❷で相手の状況をしっかり把握しないといけません。そこをスムーズに運ぶために、まずは、会社側が自己開示をして、創業の経緯や理念、ビジョンを話すという流れです。しかも、相手が興味を持つような話の組み立ても必要です。

面接の時には、これをルーティーンでやっていくようにすると、面接官である経営者もブレることなく面接を進行させることができます。毎回言うことや、やることがコロコロと変わってしまう、ということもありません。

常に基準がしっかり確立し、安定しているため、自分の好き嫌いや、その時の気分で判断が揺れることもないはずです。

実際に、入社前と入社後のギャップを少しでも埋めるために事業計画書をこのように使っていただいているクライアントさんもいらっしゃいます。

面接の際の参考にしていただければ幸いです。

**⬇ 採用の際は、まず会社の創業経緯、ビジョン、理念を語ることから始めてみる。**

## ▽しゃべり過ぎるくらい相手に話させるヒアリングのコツ

人の話を聞くことは、私の大事な仕事のひとつです。事業計画書を作成する時も、まずはお客様からいろいろなお話を聞き出すことから始めます。

創業の経緯はもちろんのこと、当時の思いから、開発やビジネスのご苦労・困難、喜び、従業員のこと、取引先……等々ありとあらゆる話を聞いていきます。それだけに、

「こんなに熱心に、ここまで自分のビジネスについて聞かれたのは伊藤さんがはじめてだよ」

ヒアリング終了時に、こんな言葉をかけられることも少なくありません。当然ながら、それが私の仕事ですし、関心もあるので熱意を持って聞いているのに違いはありませんが、意図的にそうしているところでもあるのです。

私のヒアリングは、数値や理屈のヒアリングではなく、どちらかといえば感情に訴えるヒアリングだと思っています。相手への関心を示しながら、感情が動いていると感じたら、そこを少し刺激してみるとよいでしょう。

ヒアリングの相手が採用面接に来た人なら、近い将来従業員として働いてくれるかもしれない人との最初の出会いになるわけです。いかにいい出会いにするか、一期一会のような気

持ちで臨みたいところです。

「どうすればいいの？」と、見当もつかないなら、ここはひとつ、面接ということはしばしば忘れて、「この人にウチの商品を買ってもらうんだ」というくらいのテンションで話してみましょう。

明らかにあなた自身のモードが変わるのがわかりますね。「採否を判定する」という〝上から目線〟のような影も潜めてしまうと思います。

そのテンションのまま、前項のポイントの❷を中心にヒアリングを行います。つまり、相手の関心を聞き出すことです。

と同時に、聞き手であるあなたが、相手に対して関心を持っていることを示すのも大切です。それが、相手の舌を滑らかにします。

あなたは、同じテンションをキープしつつ、頭の中はずっと冷静に保つようにしながら、面接のポイント❸、事業計画と面接相手の一致点を探っていくことを慎重に考えることがポイントといえるでしょう。

質問内容は、相手の履歴書を見ながら聞いていくのが無難です。

たとえば、趣味について聞く。

「それに関心を持つようになったのはなぜ？」

「やってみてどうだった？」

「学校の時には何が楽しかった？」

「どうしてそう思ったの？」

など、あたりまえの質問でも、相手の価値観を引き出せるのはいい質問です。

「へ〜、そうなんだ」

「それからどうなるの？」

など、相づちを打ちながらしっかり相手のことを知る姿勢が重要かと思います。

このようなヒアリングの仕方は普段やりなれていなければ、一朝一夕で身につくものではありませんが、普段から意識して、とことん傾聴する姿勢、相手への関心を示す姿勢をもつことが大事です。

いつも、

「この人にはどんな取りえがあるだろうか」

「この人にはどんな可能性があるだろうか」

一方的にしゃべり過ぎてはいないかなど、経営者はこんなことを想像しながら接してみたらいかがでしょうか。


**⬇面接のポイントは、熱意を持って関心を示し、相手に話させて事業計画との一致点を探る。そして、この会社で働きたいと思ってもらうこと。**

## ▽事業計画書があると、人材採用の際の採否のジャッジも明確になる

採用のマニュアル本には、こんな人を採ったほうがいい、こんな人はやめておいたほうがいい、ということが懇切丁寧に書かれていることもあります。

「採るも採らないも、理想論ばかり言われても。現実は、より取り見取りというのには程遠いんだから……。そんなぜいたく言ってられないよ」

と嘆く経営者の方もいるのではないでしょうか。本当に、人材の採用問題は、中小企業にとって頭の痛いことですよね。

前項で触れた通り、面接の時に創業の経緯やビジョンについては開示してありますので、その上で、ビジョンに関心を持ってくれたり、「自分はこういうふうに貢献できる」などとやる気を見せてくれたりする人がいれば申し分ありません。

ただ、そううまくいくものではないかもしれませんが、ヒアリングがちゃんとできているはずですから、採否の判断はしやすいと思います。

「この人！」という人がいなかった場合は、経営者の皆さんの判断次第です。それを考えていく指標、あるいは判断の基準としても、事業計画書は大いに力を発揮してくれます。

たとえば、いろいろな人の持つ傾向や方向性を色と数字に見立てるとします。

会社のビジョンを達成していくためには、〝10の赤を持つ人〟が欲しい。しかし、残念ながらそれに合致する人は応募者の中にはいなかった。

その時、7くらいの赤を持っている人がいたから、その人の赤を10まで伸ばすのか。8のオレンジを持つ人を斜め上に伸ばして赤に導くのか。

あるいは、黄の人を少しずつ良くなるように調整していくのか。

青から赤への移行は難しいけれど、それでもやってみるのか。

そこから先は、経営者の力量にかかっているわけです。

〝10の赤を持つ人〟ではなかった場合でも、事業計画が整っていれば、7の赤を持つ人、8のオレンジを持つ人、6の黄を持つ人を、どの方向へ、どのくらい調整していけばいいかが把握できます。

しかし、もし事業計画がなく、採用の指標がないのであれば、何を基に採用したのか、何を基にお断りしたのか、採用の可否を判断する基準が経営者の勘とセンス、場合によっては好き嫌いになりかねません。それが悪いということではありません。

ただ、万が一青を赤にするのは無理だからと採用を見送った場合、この先も人が見つからない可能性はありますが、その認識があって決断しているので感情的に失敗したと思うことはないはずです。

事業計画書のおかげで、採否の判断基準がロジカルに明確になっていますから、ここで採用しなかったとしても、後悔は残りません。断った理由がはっきりしているからです。

ですから、従業員に対しても、採用に関しての話がしやすくなるのではないでしょうか。明確に説明ができ、その状況を共有できることにもなります。

**➡ 事業計画書があれば、経営者は人の採否や人の活用の方向性を判断できる。**

## ▽ せっかく入った人材を定着させるために必要なこと

ようやく採用が決まった新しい人材。できれば、少しでも早く会社や先輩従業員たちにも慣れて、事業計画の実現のために活躍してもらいたいものです。

そうはいっても、たいていの中小企業の従業員たちは日々の多忙な業務に追われて、新人を手取り足取り指導しているような余裕はありません。大手企業のように、あらためて研修に時間を割くこともできないのが実情です。

それでも、最初のうちは「よく入ってきてくれた！」と歓迎ムードが多少は漂っているかもしれませんが、すぐに日々の業務に忙殺され、かき消されてしまいがちです。

新人のほうも、不安な気持ちになっている時に、励まし合ったり、愚痴をこぼしたりできる同期の従業員などはいないのが普通……となると、いくらやる気を持って入社してきたとしても、すぐに心が折れてしまわないとも限りません。

これでは、活躍してもらうどころか、すぐに辞めてしまう、などということにもなりかねないのです。

とくに、昨今の若い世代の人たちはナイーブで傷つきやすい傾向がある上、仕事を辞めることに、さほど抵抗感がない人が多いようです。

ただ、これは、新人のほうに問題があるというわけではなく、会社側の配慮と工夫が足りない可能性もあります。

とりわけ大事なことは、相手に対する関心を示すことです。

採用に関しては、当人にずっと関心を寄せていたのに、入社した後は、ほとんど現場任せになっているのではありませんか。

現場は現場で忙しくて自分にほとんど関心を持ってくれないし、自分は会社に必要なのだろうかと、心もとない気持ちになっているはずです。

しかし、本当に会社の戦力になってもらうためには、むしろ入社してから、関心を寄せるように気遣う必要があるのです。

それこそ、日頃から相手に関心を持ち、それをはっきりと示すことです。

一緒に目標に向かっていく大切な仲間として、いつも関心を寄せ続けることがとても大切です。これは新人に限ったことではなく、経営者は常に、従業員一人ひとりと向き合わなければなりません。

ちょっとした機会を見つけては、相手の話に耳を傾け、また、未来を連想させるような話をしていきましょう。

「君は、あんな仕事をやりたがっていたよね」

「○年後には、会社をこんな風にしたいよね」

等々。

そんな未来の夢のある話には、相手もつい引き込まれて、

「自分も一緒に頑張りたい」

という気持ちが強まり、モチベーションも上がってくるでしょう。

**➡新人がすぐに辞めてしまうのも、活躍するようになるのも、経営者の関心の示し方次第。**

## ▽事業計画書があれば、リクルーティングすらできてしまう

先日訪れた会社の従業員さんと話をしていた時のことです。

「この会社に何年くらい、いらっしゃるんですか？」

「ちょうど3年ほどです。実は、前にいた会社が倒産しちゃって……。その時、たまたま社長が拾ってくれたんですよ」

何気なく私が聞いた質問に、その従業員さんはちょっとはにかみながら答えてくれましたが、彼の仕事ぶりは見るからに手際もよく、自信に満ちたものでした。

いい人に来てもらえたようで、「社長会心のヒットなんだろうな」と心の中で拍手をしていました。この会社も中小企業の御多分にもれず、ずっと求人に苦労していたのを聞いていたからです。

そして、こういう形のリクルーティングは大いにありだな、と思ったものです。

このケースは、社長が声をかけたことでリクルーティングが成立したわけですが、たとえば、いろいろな取引先に出入りしている営業担当者が、たまたま行った先で、

「私もそろそろ定年なんで……」

という話を耳にし、

「ウチに来ませんか?」

と、打診することもできるのです。

もし従業員が10人いれば、10人が総リクルーターになれるはずです。

これだけアンテナを張っていれば、下手な求人広告を出すより、ずっと効果的かつ安全確実かもしれません。

ただし、これは事業計画書があればこそ、です。事業計画書があるからこそ、社長にはしっかりとしたビジョンがあります。それを従業員たちと共有していますので、従業員たちも、どんな人材を社長が求めているかが頭に入っているからです。

たとえば、こんな感じです。

「私たちの会社は、地域社会に貢献することを社是としている。だから、地元に愛着を持っている人が望ましい」

「私たちの会社は、世の中を変えるような新しいアイデアを作り出すのが目標。多少コミュニケーションがヘタでも、研究熱心で創造することが好きな、地道に努力できる人がいい」

等々。

ビジョンがはっきりしているから、目の前に候補者がいた時、機を逃さずリクルーティングを行えるのです。社長は社長で、ただやみくもに「ウチに来ないか？」と言うのではなく、事業の展望も、仕事の内容もすぐに語れますし、簡単な資料を提示することだって可能です。とくに昨今は事業の転換が著しく、企業の倒産や部署の統廃合などで、自分の勤めていた企業や、所属していた部署がなくなってしまった、ということも珍しくなくなっています。

やる気も、スキルもあるのに、居場所をなくしてしまっている人材も増えているはずです。それはある意味、いい人材が採れるチャンスともいえます。そんな絶好のタイミングで、従業員が「ウチに来ない？」と言えるような会社でありたいですよね。

以前は、新人が入ってきても声さえかけられなかった従業員たちに、事業計画によって一体感が生まれ、よその人にもリクルーティングの声をかけてしまうなんて、理想ではないでしょうか。

**➡事業計画書で経営者のビジョンがはっきりすれば、社員が共鳴してリクルーターにもなれる。**

## ▽いい人材が集まる会社は、金融機関から応援される会社

いい人材が集まってくる会社は、やはりそれだけ魅力のある会社なのではないでしょうか。経営者の人格か、あるいは従業員一人ひとりの人柄か、おそらくその両方だと思いますが、そこで働く人々が醸し出す雰囲気は、社内のみならず、その周辺地域にもにじみ出ています。会社の評判は、金融機関の人たちの耳にも漏れ伝わっていきます。みんなに応援される会社は、金融機関も応援したくなる会社です。

その企業に融資を行うかどうか。それを判断するためには、金融機関はいろいろなところを見ています。数字ばかりを見ているわけではないのです。

経営者の人柄だったり、事業計画書だったり、会社の雰囲気だったり、従業員の対応の仕方だったり……すべてが、審査のポイントに加算されています。

それに何より、金融機関の仕事も行っているのは人、感情の生きものです。好悪の感情が、ポイントに影響することもあるでしょう。

それを常に意識して、とまでは言いませんが、できれば、金融機関にも応援してもらいたいもの。創業の思いやビジョンを胸に、みんなに応援される会社を目指しませんか。

**➡みんなに応援される会社は金融機関からの審査ポイントも高い。**

# 第 3 章

# 事業計画書に創業の思いが なぜ必要なのか

## ▽なぜ金融機関は「融資5原則」を掲げているのか

銀行や信用金庫などの金融機関は、いったい何のために存在するのでしょうか。

「お金を預かり、お金を貸すため」

こう答えると、

「当たり前だよ」

そんな声が聞こえてきそうです。確かに、私たちが金融機関と最初に関わりを持つのは、まずは預金からです。

しかし、お金を預かるだけだったら、金融機関は単なるお金の保管庫になってしまいます。集めたお金をどう運用してどう世の中の役に立てるのか。

世の中に貢献する大事な役割を担っているのが融資業務です。これが金融機関のメイン業務のひとつになります。

というのも、そもそも金融機関にとって最も大事な使命が、世の中の経済に根付いた活動をすることだからです。それが金融機関の使命であり、存在意義でもあります。

銀行は地域の人や事業を応援するためにあり、融資によって企業を成長させ、また、スムーズなお金の出し入れによって、利用者に安心・安全や利便性をもたらすという目的を持っています。

このように、金融機関は多分に公共性の高い機関であり、銀行員のことを準公務員というのは、そのためです。

金融機関としての使命を果たしていくために、銀行は企業を応援したい。ですから、積極的に融資する先を探しているのです。企業にお金を貸し、地域や世の中に貢献したいのです。地域貢献といってもボランティアではありません。企業が成長していけば、結果的に融資している銀行も共に成長でき、収益が上がります。

しかし、貸したお金をきちんと返済してくれない、つまり安全でないところにどんどん融資をしていけば、銀行は破綻してしまいます。

だからこそ、金融機関は「融資5原則」を掲げ、融資審査の基準を設けているのです。「はじめに」でも少し触れましたが、「融資5原則」は金融機関が企業に融資する際の審査をする上での土台となる大原則で、この5つの要素に従って融資の判断を行います。

その5原則が、❶「公共性の原則」、❷「安全性の原則」、❸「収益性の原則」、❹「流動性の原則」、❺「成長性の原則」です。

私は勤務した銀行で、融資をする際の重要な順番としてこの並びで融資5原則を教わりました。しかし、本によっては安全性が最初にきていたり、公共性が最後にあったりするなど、並べ方はさまざまあるようです。

私自身は自分のポリシーとして、この並びの順に重要だと考えているので、これに沿って説明します。

それぞれについては、この後、少し詳しくお話ししていきますので、ここでは、簡単に頭に入れておきましょう。

❶「公共性」については、ここまで書いてきた通り、金融機関そのものが公共的な機関であり、また、融資先がどのように公共の役に立っているかを見ていますよ、ということです。

❷「安全性」は、預金者保護という観点からも、金融機関そのものが倒産してはならず、安全でないといけません。ですから、融資先がきちんと返してくれるか、安全な貸し出し先かどうかをしっかり見ますよ、ということです。

❸「収益性」は、その企業がどうやって儲《もう》けているか、ということ。安全性とも通じることですが、貸したお金はちゃんと返済してもらわないといけませんので、安全に返済してくれるための収益を上げているのかをチェックするわけです。

と同時に、あまり大きな声では言えませんが、貸し出すにあたっての金利収入など、銀行にとっての収益も判断の材料になります。

❹「流動性」は、貸出金の返済をしてもらうためにも、キャッシュがちゃんと回っているのかを見ますよ、ということ。

また、担保の換金性（預金担保・不動産担保・保証協会など）の順序も検討します。

❺「成長性」は、貸出先が衰退企業ではいけません。今後どうやって成長していくのか、ということです。その企業が何を目指し、どういう事業展開を考えているか、そしてそれと共に銀行も成長していく、そのようなところを見ています。

先に書いたように、金融機関はお金を貸そうと融資先を探しています。ということは、融資の判断基準であるこの5つの原則をしっかり把握して事業計画書が書けると、融資の審査が通りやすくなるのです。

このことを念頭において、金融機関が応援したくなる事業計画を立てていきましょう。

**➡銀行はお金を貸したい。そのための判断基準の土台となる大原則が「融資5原則」。**

## ▽「公共性の原則」に沿った事業は、みんなが応援したくなる事業

皆さんは、自分とまったく関係のない誰かから、

「ただ儲けたいからお金を貸してほしい」

と言われてお金を貸しますか？

たとえば、クラウドファンディングで、

「自分はこれこれこういう方法で儲けます。その儲けた分で、皆さんにこれだけ配分するので、私にお金を投資してください」

いくら儲かると言われたとしても、これではあまり投資をする気にはなれないですよね。

ところが、こう言われたらどうでしょう？

「〇〇という途上国の土地に井戸を掘るビジネスのためにお金を集めます。井戸を掘ることで、今は何キロも歩いて水を汲みに行っている現地の子どもたちが毎日の負担から解放され、衛生上、安全上の問題も解消します。完成した時の収益は、このようなモデルになっています……」

こちらのほうが、人はより心を動かされるのではないでしょうか。

というのも、ビジネスである以上、収益はもちろん大事なのですが、「それが世の中に必要なのだ」と思わせられるからです。

前者は収益性のみを強調した文脈ですが、後者は公共性をアピールした上で収益性を語っています。

この違いだけで、「融資を前向きに検討しよう」「応援したい」となる確率がぐんと上がります。

金融機関が、なぜ公共性、すなわち人の役に立っているかを見るのかというと、ただ単に儲かる企業に融資するというのではなく、その企業が世の中の何に役立っているのか、その企業が人々から応援されているかを見たいからです。

金融機関も融資をすることで企業を応援したいのだけれど、人の役に立っていないところにお金を貸すのは、先々のリスクが高くなります。だから、公共性を見るのです。

ということは、先にも述べた通り公共性を前面に出して話をすると、銀行員が融資を取り上げたいと思ってもらえる可能性が高くなるということになります。

「私の店は、食を通して心も体も健康になってほしいというコンセプトで作りました。私の子どもが長くアトピーで悩んでいたため、なかなか外食ができなかったからです。ですから、アトピーの人たちだけでなく、家族全員が食べ物に気をつけて食事を楽しめる店を作りたいと思いました。

店では、無農薬の野菜や飼料に気をつけた牛や豚肉を使ったメニューをお客様に提供しています。お店に来ていただいたお客様に心身ともにリラックスしてほしいという思いをこめて内装や音楽、インテリアもくつろげるしつらえにしてあります」

そう語った後で、

「この店で出す新メニューのために厨房《ちゅうぼう》を改装するお金が必要です。そのメニューはオーガニック志向の人たちにも人気があるので、健康を気遣う人たちやアレルギーを持つ人たちの需要があります。今回、厨房を改装してそのメニューに対応できるようになると、一日○食売れると予想しています。そうするとこれだけの利益が出ます。

このメニューは、ヨーロッパでは10年以上も前から人気があるもので、日本の食文化においても一過性の人気でなく恒常的に定着すると思われます。ほかに、うちではデリバリー対応やお取り寄せ、通信販売のルートを持っているので、こうやって売り上げを伸ばせます。具体的売り上げ数値としては……」

と、5原則をつなげていくのです。

5原則のうち、公共性以外の安全性・収益性・流動性・成長性は、理屈・理論や数値で表されます。5原則の中で公共性だけが唯一、理屈でなく心に訴えかけ、人を動かします。これが、私が5原則の中でもとくに「公共性」にウエートを置いている理由です。

公共性というと、TVドラマにもなって人気を博した池井戸潤の『下町ロケット』が、よい例かもしれません。

宇宙科学開発の技術者だった主人公は、父親から継承した町工場を営みながらも、ロケットへの夢をあきらめきれず、ロケットエンジン用バルブの開発も継続していました。いろいろな苦難を次々と乗り越えながら、その卓越した技術力を生かして、心臓弁膜症に苦しむ子どもたちを救うための心臓弁の開発などにも協力をしています。

目先の利益だけでなく、未来を作るロケットの研究開発に携わるということは、人類のためにもなっていることです。

単純に収益性だけを見ていたら、

「今その状況で、そのような研究開発なんかしている場合なの？」

と、金融機関から言われてしまうかもしれません。

しかし、それは社長の価値観次第で変わってくるところでもあります。人の役に立ちたい、夢を実現したいという強い思いは、人々を動かすこともできるのです。だからこそ、融資を前向きに検討しようとなるのです。

銀行員はＡＩではありません。銀行員という「人間」です。理屈だけでなく、見えない将来への可能性に賭ける……というところを訴えるのです。

単に自社の利益のためではなく「社会とつながっている」ことがポイントになります。自分の夢でもあり、社会への貢献でもある。そこを真摯に訴えることがとても大事なのです。

また、たとえばこんな例もあるでしょう。成功させるのが非常に難しいウナギの人工ふ化。これをずっと研究している人がいます。

大学の研究室などとは違って研究のための研究ではなく、一人でも多くの人にウナギを食べてもらいたいという思いで研究を続けている。とても公共性のある仕事ではないでしょうか。

とはいえ、研究したからといって、すぐにウナギを食べられるようになるわけではありませんし、夢だけでは融資はしてもらえません。自分の夢や思いが社会（公共）の何に役立つのかを一度見直してみましょう。

私が「融資5原則」の中で公共性の原則を他の原則より重要だと考え、最初に持ってきているのはこういう理由です。

金融検査マニュアルに則《のっと》った以前の融資審査においては、過去の決算書の数字を重視していたため、公共性はあまりクローズアップされていなかったかもしれません。

ところが、2019年12月、「融資審査の基準を事業性評価とする」と金融庁のお達しがでたことで、あらためてこの「公共性」をしっかりアピールすることが、事業計画書などの書類に信憑《しんぴょう》性や根拠を与えるようになってきているのです。

今後、公共性からの流れで事業計画書を書いていくことは、アピールできる事業計画書作成のための欠かせない重要なポイントになっていくでしょう。

**⬇理屈や数字でなく、唯一心に訴えかける「公共性」を前面に出すと、金融機関が応援したくなる書類に変わる。**

## ▽「公共性の原則」のポイントの高い事業計画書

公共性については、何となくでも理解していただけたのではないでしょうか。

この項では、事業計画書を作る上で、公共性の原則のポイントを高める書き方について、事例を紹介しながら具体的にお伝えしていきます。

一般的な事業計画書の書き方の本を見ると、数値の書き方や、フォーマットが掲載されていて、その記載方法が書かれているものがほとんどです。

しかし、私のこの本は、フォーマットやテンプレートの書き方を教えるものではありません。

私の言う事業計画書とは、明確な「論理」と、それを裏付ける「数値」に、創業者の「思い（ストーリー）」を掛け合わせたものなのです。

これが、人を動かし、金融機関が応援したくなる**伊藤式事業計画書**です。

ここで、私の書く事業計画書において、公共性をどのように表現しているのかを、例を挙げてお見せします。

**公共性をアピールする文例 ❶**

**《エステサロン》**

自分自身がアレルギーで困っていたことに端を発し、多くの人を助けたいという思いからエステサロンを経営している方の場合は、そこを訴求しました。

＊

当店のメイン顧客を囲い込むひとつの要因は、単なるエステとは違い、自然○○療法士・○○派心理学アドバイザーの民間資格を生かし、美容を外からの施術（フェイシャルエステやボディーエステだけでなく、マッサージなども含む）だけでなく、内側（食事、水、発する言葉、考え方など）からの指導ができることです。

ここまで幅広い施術に対応できるエステティシャンは他に類を見ず、それが業歴10年以上の長い年月にわたって経営を継続できた要因です。

また、日本メンタルヘルス協会の一員として、心の問題から肌荒れやニキビを発症し、「外・内」両面からの施術でも効果が表れないお客様へのアプローチを図り、40～50代の方だけでなく幅広い層に支持いただいております。

現在、コロナの影響により一時営業を中断している状況でありますが、通常業務に戻れば固定客が他のお店に流れていく心配はありません。現在の休業中も情報発信を怠らず、ＬＩＮＥなどのＳＮＳを通じて各お客様に無償で個別指導を行い、こまめなコンタクトを取っているからです。このような試みを通じて顧客流出を防ぎ、回復後の来店を促すきっかけづくりの準備も万端にしております。

**【アピールポイント】**

前職では、化粧品販売の仕事をしておりましたが、もともと私自身アレルギーを持っておりました。とくに肌荒れがひどかったのですが、化粧品では限界があることもわかり、内面のケアの大切さに気づきました。

私の施術や指導は、肌などの外見をきれいにするだけでなく、内面の指導も含まれます。その指導により生活習慣が変わり、コンプレックスで自信がなかった女性に笑顔で過ごしていただくこと、そして、人生そのものを豊かにしていただくことをミッションと考え、日々お客様と接しております。

私のこの理念をご理解いただいている方々が固定客となって現在に至ります。

今後の具体的な売り上げ数値などの収支計画、資金繰り表は別紙の通りです。

### 公共性をアピールする文例❷

**《アミューズメント・飲食・美容・買い取り販売など、事業の多角化を展開している企業》**

この会社は、居酒屋、焼き肉店など複数の飲食店、ネイルサロンのほか、ブランド買い取り店などを多角経営されていました。

一見すると脈絡のない多角経営に見えるため、金融機関から少し軽く見られているのではないかという事例だったのですが、ヒアリングを通して、この多角化には若い女性から年配の人までのニーズに応えたいという、経営者の一本通った思いがあることがわかりました。

そこで、事業のそれぞれについて、関連性があることを表現しました。

＊

【事業背景】
・アミューズメント事業…代表の前職からの経緯（前職パチンコ関連の事業部門をそのまま引き継ぎ独立）。
・飲食・美容…アミューズメント事業が景気に左右されやすいため、比較的景気に左右されにくい、単価を安くした若い女性向けの飲食業を取り入れる。
さらに、「ハレの日」向けに、家族でくつろげる世帯向けに単価の高い焼き肉事業にも拡大。
・買い取り販売事業…若い世代の女性や、子供がいる家族はもちろん、メルカリなどができない高齢者の憩いの場として買い取り事業に参入。

### 公共性をアピールする文例 ❸
### 《土木工事で使用するＩＣＴシステムを開発・提供することで、労働環境の改善を図る企業》

生活基盤に欠かせない機材である建設機械の仕事に長年従事していた経営者が、勤務先建設機械メーカーの取扱商品集約のため、ダムや高速道路などの土木工事から撤退することになり、その事業部門を引き取り独立。工事現場の労働環境を管理するシステムの開発を中心に行っています。

この会社の公共性に満ちた存在意義と強みを打ち出しました。

＊

**〈弊社の存在意義〉**

建設業界は労務集約型の産業であり、危険と背中合わせであるが、国民が生活をするには欠かせない事業である。昨今の震災被害などから今後防災を含め、より重要度が大きくなっていく業界である。

弊社は、この建設業界に対してＩＣＴを用いて労働環境の改善、危険作業の削減、建設コストの削減に寄与してシステムを開発、提供していく。

**〈弊社の強み〉**

大手開発会社では扱えない建設業界向けに特化したシステム開発

←

本来システム開発を行う場合は、発注者（この場合はゼネコン）がシステム要件を作成し、開発会社へ依頼を行う。

しかしながら、ゼネコンはきめ細かくシステム要件を作成することが困難である。また、開発したシステムを現場に導入した後に、システムの修正を要する場合が多いが、これらに対応するには通常のシステム業者では汎用《はんよう》性がないため難しく、建設業界でのシステムを熟知した小回りが効く対応が必要である。

建設に特化した複数のシステムを自社開発
←
建設業界に対して複数のシステムを提供する会社はレンタル会社である。しかし、レンタル会社には自社開発商品がないので、顧客（ゼネコン）からのカスタマイズの要望に迅速に対応することができない。
また、弊社のような自社開発のシステム会社は多数あるが、建設業界向けに特化した複数の商品を有している会社は多くない。

**〈弊社の将来性〉**

インフラ整備、防災を含め、今後も建設工事の発注は伸びる。

国土交通省がi-Construction（アイ・コンストラクション＝ICT※を建設現場に導入す

ることによって、建設生産システム全体の生産性向上を図る取り組み）を推奨しており、今後も建設機械のＩＣＴ化は盛んになる。

ＩｏＴ※やＡＩ、国産ＧＰＳなどの技術が身近になりつつある。

弊社システムの知名度は業界でも上がっており、ゼネコンだけではなく地場の建設会社からの注文も増加傾向。

※Information and Communication Technology（情報通信技術）
※モノに通信機能を持たせ、インターネットに接続し、相互に通信する技術。

⬇「論理」「数値」「ストーリー」を掛け合わせることで人の心が動き、
**金融機関が思わず応援したくなる。**

## ▽ 確実にお金が返ってくるかを見る「安全性の原則」

そもそも金融機関における安全性とは、預金者保護です。預金してくれたお客様に、お金を確実に返さなければなりません。ですから融資する先については、安全に確実に回収できるかどうかという安全度が１００％でないといけないわけです。

この貸出先の安全度を見極めるために、まず、その企業に最後まできちんと返済をする意思があるかどうか。ここをしっかり見ます。

ごくあたりまえのこととも思えますが、借りる時は誰だって「必ず返します！」と言いますよね。間違っても「返さないけど貸してほしい」と言う人はいないでしょう。返済の意思の信頼性を見極めるということです。

そして、返済（回収）の安全度を見るためには、社長が自分のビジネスについてきちんと語れるかどうか、ということも重要です。

会社を立ち上げた経緯や思い、そのビジネスを行う理由などを真摯に言葉にすることができているかを見ています。

今はこのビジネスをやっているけれど、情熱をもって最後まで、つまりお金を返すまで、しっかり遂行できるのだろうか。

このことを金融機関の人はクールに見ています。

ここは「公共性の原則」にも通じるところで、こんな思いがあってビジネスをやっているのだということがとても大切になります。

安全性は、収益性やほかの原則すべてに通じてきます。

安全性、すなわちちゃんと返済できるかを見ることは、どうやって売り上げを上げて、どうやって返していくかという〝収支計画・返済計画〟を見ることです。

こうやって売り上げを出して、これだけお金を使って、固定費が出て……こんな流れの中で返していく。それを具体的な数値に落とし込んだ収支計画書や、返済計画書、資金繰り表の具体的な数字を見ていきます。

何の根拠もなく、

「頑張って返すから500万円貸して」

そう言われても、誰も大丈夫とは思わないでしょう。社長の頭の中では、月々10万円くらいなら返済できそうだ……というおぼろげな感覚はあっても、それを明確な根拠とともに説明できなければ、銀行員は首をタテに振ることはないでしょう。

「ちゃんと返済をする」と言うなら、それに対して**明確な根拠**を示すことが大切です。

なぜそういう返済計画になるのか。たとえば、こんな契約書があって今後も売り上げが保てる証左がある。これだけの発注書がある。こういうルートを持っているから売り伸ばせる、ということです。

あるいは、今後こういうところにビジネス展開をしていく予定があるなどと、具体的なことが述べられるかどうかをしっかり見ています。

たとえば、私が、

「中小企業の経営者さんの顧問契約でこれだけの売り上げを上げていきます」

と言ったとします。すると、必ず、

「どうしてそれだけの契約が取れるんですか？」

と、明確な根拠を問われます。

「この著書を使って、どことどこに配って、発注につながる新しい展開をしていきます」

とか、

「講演会を年に12回行います。その依頼主はこことここです。すでに依頼を毎月受けています」

など。


できるだけ明確な根拠とともに具体的に述べることができれば、金融機関の受け取り方も全然違ってきます。

さらに、顧客リストなどもちゃんと提出できれば信憑性も担保できます。これが、融資をしたお金がきちんと返済できる、つまり安全な貸し出しであるという「安全性」です。

貸したお金がちゃんと返ってくるかどうかの安全性を見る上で、さらに追加で考えなければならないことは、担保についてです。

万が一、あなたの事業がダメになってしまったら……そんな事態もないとは限りません。

だからこそ、融資を受ける際は、「保証人をつけて」とか「担保をつけて」、「信用保証協会付きで」などということが求められることになります。

その条件が厳しいほど、融資先に対する信用度は低いということです。通りすがりの見ず知らずの人に、いきなり「お金を貸して」と頼んでもすぐに貸してくれないように、もし貸すにしても、廃業倒産などの返済不能のリスクに陥った時の保全として、貸し出したお金が安全に返済されるような保証人や担保などが設けられているわけです。保証人や担保、信用保証協会の保証をつけずに貸し出す融資を〝プロパー融資〟といいますが、当然ながら審査はとても厳しくなります。

これを受けられるということは、その分、金融機関からの信用度が非常に高いということです。逆に言えば、金融機関側のリスクは高くなるということです。それでも担保や保証協会の保証なしで、直接プロパーで貸してくれるというのは、金融機関からの信用が応分にあるとみていいでしょう。


**➡「安全性」とは〝確実に回収できる貸し出しかどうか〟を見ること。**

**明確な根拠を示すことが金融機関からの信用度を高める。**

## ▽あなたも銀行も両方が利益を得るための「収益性の原則」

収益性は、その企業がどうやって利益を出せるかということです。ちゃんと利益を上げていなければ企業の存続が危ぶまれ、返済に懸念が生じるわけですから、前項の安全性ともリンクしています。

と同時に、金融機関からすれば、金利や今後の取引において「あなたの会社は、ウチの銀行にどうやって収益を上げさせてくれるのですか?」ということでもあります。銀行も民間企業のひとつである以上、収益を上げなければなりません。

たとえば、金利2%で1億円を融資するなら、金融機関は年間約200万円の収益が上げられます。もちろん、借りるほうにとっては金利が低いに越したことはありませんが、ご存知の通り金融機関は貸出先の回収リスクに応じて金利を決定します。

企業の信用度が高ければ、返済(回収)に問題はないと見ますから、金利は低いということになります。

逆に少し危ない(債務者区分に応じてp202・p203参考)と見られれば、引き当てを積まないといけませんから当然のことながら金利は高くなります。

銀行が収益を上げる手段は金利だけではありません。たとえば関係取引といって、貸出先の従業員の数だけ給与振込口座の開設が期待できることもあります。また、従業員の住宅ローンや振込手数料など、いろいろな収益の可能性が見込まれます。

今回の融資をきっかけに、金融機関にも、これだけの収益が上がるということをアピールできれば、それは銀行が融資を取り上げるメリットにもなります。

「今回、融資してくれたら、お宅がメイン銀行になるので、ほかの銀行で利用している分をこちらに持ってきますよ」

など、銀行が融資を取り上げるメリットを示唆することで、融資を審査する時に前向きに検討してくれやすくなります。

ただし、そのような交渉材料ばかり持ち出して、「他行だとこうだから……」などと駆け引きばかりに目がいくのはあまりお勧めしません。いい印象を与えないからです。

「そんなことを言うならほかの銀行でどうぞ」

と言われてしまいかねないことに……。これでは、元も子もありません。


一例ですが、たとえば通常1000円のボールペンと同じものを5万円で売ろうとするなどの場合がこれに当てはまります。

どう考えても同業他社の価格より高いため、売り上げにならず収益につながらないだろうと思うからです。ダイヤモンドをつけたとか、有名な文豪の直筆サインがついているとか、その付加価値に銀行員が納得すれば話は別です。

金融機関では、業界の動向や各種経営数値の平均値をきちんと見ています。平均と比べて、「同業他社の経常利益率はこれくらい。それに対して、この会社は極端に低い数字だ。ビジネスの構造上何かおかしくないだろうか」

と疑問をもつのは当然のことです。

それに対して、

「確かに業界の数値との乖離《かいり》はありますが、現在このように展開していて、この事業のここがこうなると利益率はこうなり、業界数値より高くなります」

などと、ちゃんと理由や特徴、戦略を語れれば問題はないでしょう。

経営者自身の言葉と、数字や実績の明確な根拠、裏付けが必要なのは、安全性と同様です。

**⬇「収益性」とは、融資先が将来にわたって収益を上げていけるか、金融機関側にも収益を上げさせてくれるかを見る。**

## ▽ 企業のお金の流れを見る「流動性の原則」

「流動性の原則」には、２つの意味があります。

1つは、キャッシュがちゃんと回っているかを見ることです。貸したお金を確実に返済してもらうために、銀行はその企業のお金の流れを見る必要があります。

この流動性を「見える化」しているのがキャッシュフロー、すなわち資金繰り表です。資金繰り表は、実際の現金の入りと払いのお金の流れを示していて、今月いくら入って来て、いくら出ていったか、今ある資金のうち借りたお金がいくらで、預金はいくら、実質何年で借金は終わるのか……というようなリアルなお金の流れや実質借入金額などを管理できます。もうひとつの意味は、銀行側から見た流動性です。万が一、融資先が返済できなかった場合の換金性の高さを見ます。

というのも、信用保証協会の信用保証制度を使ったり、定期預金などの預金を担保にしたりする場合はすぐに換金することができますが、不動産担保は換金（売却して現金化）するのに非常に時間がかかってしまうこともあります。ですから、現金化できる優先順位の高い度合いから保全を図っていくわけです。

公共性がきちんとしていることは当然ですが、決算書の内容が確かで過去にしっかり収益を出しており、自己資本も充実していれば、信用保証協会付きの融資であれば審査が通りやすかった時代もありました。

ところで、私のコンサルティングでは、この流動性を見るための資金繰り表をある意味一番重要視しています。

損益計算書、貸借対照表のほか、キャッシュフロー計算書など、経営に関する資料はたくさんありますが、私は資金繰り表をもとに経営者さんとお話をします。

なぜならば、決算書などは黒字にしたいという経営者の意見を反映させることができます。粉飾決算などがそうです。しかし、資金繰り表は、通帳の動きの事実しか反映されないからです。

キャッシュフロー計算書と資金繰り表は、キャッシュ＝資金（現金）という点で一見似たような資料に見えますが、別ものです。

キャッシュフロー計算書は、できあがった決算書から本業の売り上げ＝営業のキャッシュが増えたのか減ったのか。

設備投資にかけるキャッシュや有価証券の売却などでのキャッシュが増えたのか減ったのか。

財務＝銀行からの借り入れなどが増えたのか減ったのか。

決算書における過去の数字・結果を見て、企業がどういう状況なのかを判断するものです。

参考にキャッシュフロー計算書における指標を記載します。

| キャッシュフローの種類／経営状況 | 営業キャッシュフロー | 投資キャッシュフロー | 財務キャッシュフロー | 解　説 |
|---|---|---|---|---|
| ◎ | ＋ | ▲ | ▲ | 本業で稼いだキャッシュで設備投資、借入返済 |
| | ＋ | ▲ | ＋ | 本業で稼いだキャッシュと借入で設備投資 |
| | ＋ | 0 | ＋ | 本業で稼いだキャシュで借入返済、財務体質改善が進む |
| △ | ＋ | ＋ | ▲ | 本業で稼いだキャッシュと資産売却で借入返済、営業キャッシュフローがマイナスだと要注意 |
| × | ▲ | 0 | ＋ | 借入をして赤字によるキャッシュ不足を賄う。銀行が見放すと倒産の懸念あり |
| | ▲ | ＋ | ▲ | 資産売却で赤字によるキャッシュ不足と借入返済を賄う。<br>売却資産なくなり銀行が見放すと倒産で危険領域 |
| | ▲ | 0 | ▲ | 赤字によるキャッシュ不足で資産売却もできない |

◎…**良好（経営計画の遂行）**
△…**要注意（資金繰り対策要検討）**
**×…危険（借入内容含め金融機関対策要検討**

このように、過去の数字をもとに未来の話をしていくのがキャッシュフロー計算書です。

一方、資金繰り表とは、今月いくらのお金が入ってきていくらのお金が出ていったのか。

3カ月で現預金がいくら増えたのか減ったのか。

増えたのは本業の売り上げで増えたのか、銀行の借り入れで預金が増えたのか。

そして、来月いくら入ってきて、いくら出ていく予定なのか。

これらを3カ月から6カ月スパンで考え、資金ショートなどの懸念はないかなど、近い将来の資金繰り対策に活用します。

資金繰り対策のひとつの解決策が銀行借り入れですが、その時、お金の流れがこうなっているから融資が必要、お金の流れがこうなる予定（予想）だから返済も大丈夫、と証明する書類のひとつです。

私はこの資金繰り表をもとに、今後の収支計画を予想したり、必要な売り上げの予測や、今期決算の予測を立てたりしていくので、具体的でわかりやすく説得力がある、今何をすべきかが明確になる、と経営者の方々からも喜ばれています。これまで私は1000件の融資に対してほとんどすべてにこの表をつけてきました。これを添付することで融資の返済に対しての説得力が増しますし、さらに言うならば審査の通り具合も違ってきます。

皆さんにも、税理士さんが作成してくれる月次損益と資金繰り表を対比しながら今後の対策を立てていくことをお勧めします。その時、ご注意いただきたいのが、収支計画などの数字と資金繰り表の数字に整合性が保てるよう、根拠のある予想を立てることです。

ここで、経営に関してカテゴリー別に考えたいと思います。
❶経営＝売り上げや利益をどう上げていくか。人材採用や育成などの社員に関すること（ヒト・モノ）
❷財務＝財務諸表・資金繰り・銀行交渉・投資家対策（カネ）
❸税務＝決算における納税額確定など
❹記帳＝支出・支払いを勘定科目に分ける仕訳作業

経営者は、❶の「経営をコントロールすること」が仕事なので、売り上げや利益を上げて、従業員にどうやって気持ちよく動いてもらうかが最大の関心事かと思います。

そのため、売り上げが上がっていて、ある程度お金が回っていれば、❷の財務＝資金繰りに関しては後回しになったり、さほど重要性を感じていなかったりすることが多いようです。

私のコンサルティングでは、税理士さんの顧問業務に付随して資金繰り表を用いた金融機関対策や資金繰り対策が行えるので、税理士さんからのアドバイスだけでなく、私の意見も経営判断の情報として使っていただくことができます。

また現在では、税理士さんサイドから銀行取引に関する意見を求められたり、資料を添削してほしいとのご依頼を受けたりするなど、税理士さんとタッグを組んでクライアントさんをサポートすることも増えてきています。

その結果、経営者さんは、多角的なアドバイスや意見を基に決断したり、結論を出したりすることができ、ダイナミックにマネージメントに集中していただくことができています。


**➡「流動性」を見るのには、リアルなお金の流れが見える完璧で詳細な資金繰り表がものをいう。**

## ▽融資先と共に金融機関の成長性を見る「成長性の原則」

「成長性の原則」にも2つの意味があります。

金融機関はお客様からお金を預かる「預金」業務と、お客様へお金を貸し出す「融資」業務が基本となるメイン業務です。もし、融資をしている企業がどんどん衰退していったとしたら、金融機関にとっては大きな問題となります。そのようなことのないように、貸出先が今後どうやって成長していくのかを見るのが「成長性の原則」の1つ目の意味です。

また、金融機関も、地域やお客様と共に成長していくことが求められているので、企業が成長すれば、当然のことながら取引額も増えていくでしょう。それに伴って銀行も大きくなっていけるわけです。これがもうひとつの意味である、銀行側にとっての「成長性の原則」です。融資先企業の成長と共に、銀行側もどう成長していけるのか。どのくらい成長させてくれるのかということを、数字的なチェックも含めてしっかりと見る。これが成長性です。事業性評価で判断されるようになっている今は、成長性を訴えることは有効な手段です。

成長性を表現するには、融資を受けることによってもたらされる今後の自社の発展・成長をできるだけ具体的に説明できるといいでしょう。3カ年計画、5カ年計画などの中期的な目標ももちろん大事ですが、この企業が何を目指しているのか、今後どういう事業展開を考えているのかという経営者のビジョンは欠かせません。もちろん数字には、先ほど申し上げた「なぜその数字になるのか」の明確な根拠も必要です。

とくに、あまり芳しくない景況にある業種に対しては金融機関の見方も厳しいため、より具体的な事業計画が必要になってきます。

ただ、成長は必ずしも右肩上がりである必要はありません。たとえば今般のコロナ禍のように、世界中で景気が落ち込んでいるなどして、時期的に成長が見込めないこともあります。また、不採算ビジネスから撤退する、という形の成長性もあります。

そういう場合、

「売り上げの不採算部分をカットするのでこれだけ経費を使いますが、来期はこの高収益のビジネスを元に、これだけの利益が残っていきます」

などと表現すると、未来に向かって継続・発展させようとする意思を示すことができます。

**⬇事業性評価で判断される時代だからこそ、「成長性」が重視される。**

## ▽思いの「強さ」は、人を動かす

ここまで「融資の5原則」についてお話ししてきましたが、先にも書いた通り、私はこの中のとくに公共性にウエートを置いています。もちろん、融資の5原則はすべて大事であり、どれかひとつがダメであってはいけません。そうではありますが、もし重要度を天秤にかけるとしたら、公共性の原則VS.ほかの4原則でバランスが取れるくらい、いや、もしかすると公共性のほうに傾くかもしれないほど重要だと思っています。とくに事業性評価融資に変わったことで、今後さらに公共性は重視されるようになると思います。

事業計画書を作成する場合は、細かいテクニックなどを気にするよりも、まず「公共性の原則」から入るのが私の書き方です。思いや熱意で訴えかけていくほうが、人は動かされるからです。また、経営的にみると、公共性は、「企業風土」や「理念」につながります。ここがしっかりしていると、そこで働く「ヒト」（従業員）が活性化され、その「ヒト」が提供する商品やサービス「モノ」が生かされ、結果、「カネ」（売り上げ）につながります。「企業理念や企業風土」（公共性）→「ヒト」→「モノ」→「カネ」の流れをつくることが大事なのですが、「カネ」（売り上げ）につながるのに一番遠いところに位置しているため「企業理念や企業風土」（公共性）の整備を後回しにしてしまいがちになってしまうのも否めないと思います。

先に、「公共性、すなわち創業の思いや事業のコンセプトなどが人を動かす」という話をしました。取引や交渉の相手である銀行員も人間です。審査するのも、手続きを行うのも人間のやることです。

彼らは、相手が融資を取り上げていい人かどうか、シビアに見ています。口にこそ出しませんが、態度や言動を見て、密かに眉をひそめているかもしれません。こちらの一生懸命さや真面目さにほだされたり、駆け引きをしてくる人に警戒心を抱いたりすることもあるでしょう。

だからこそ、理屈やテクニックを駆使してうまく立ち回り、「手続きするのは内心イヤだけど、しょうがないから貸すか」と思われるより、こちらの「思い」を相手の心に響かせて、「それならば、ウチの銀行が力になろう」「ぜひ応援したいから融資しよう」と思ってもらえるほうがいいと思いませんか？　そのほうが、今後の銀行とのつき合いにもプラスになるはずです。

「融資5原則」を盛り込んだ事業計画書を作ることは、一見すると融資を受けるためのテクニックに思えるかもしれません。しかしそうではなく、金融機関から応援される永続的な会社になることなのです。

切羽詰まっていれば、「〝思い〟より、まずはどれだけお金を引っ張るか」と思うこともあるでしょう。

しかし、それでは銀行とのつき合いも継続できませんし、近い将来のビジネスすらどうなるかわかりません。そうならないように、目先の利益やお金を求めるだけでなく、切羽詰まる前に対策を立てて、銀行をはじめ、みんなから応援される会社になって、ずっとつき合いを続けられることが重要なのです。

以前、銀行に勤めていた時、

「5つの銀行に断られた融資は、ビジネスそのものが成り立たない」

と先輩に言われたことがあります。よく5行にもチャレンジするなとは思いますが、5つもの銀行に認めてもらえない、つまり応援されないビジネスは、たとえビジネスとして一時は成立したとしても、継続することはないだろうという意味と理解しました。

私の父は信用金庫に勤務していました。

金融機関は人にもお金にもシビアだと思っている人も多いようですが、父の影響があるのか、私はずっと金融機関にはいい印象を抱いていました。

父は、山形から上京して高卒で信用金庫に就職。比較的若い時からシステム開発の仕事に携わっていました。土日も早朝や夜中も関係なく三交代制で働き、ほとんど家にいることはなく、たまの日曜日に夕飯を一緒に取るくらいでした。

それでも、私が子どもの頃、

「銀行は日本の経済を支えている」

というようなことを、よく口にしていたのをおぼろげに記憶しています。

幼心にも、父が仕事に誇りを持っていたことが見てとれました。

一方私は、大学を卒業する時に、とくに希望があったわけでもなく、給料がもらえて土日が休めればいいや……くらいの軽い気持ちで銀行を志望しました。銀行に就職した父の勧めもあったことはあったのですが、私が銀行員になった時は、とても誇らしげに喜んでくれました。

「信用金庫より銀行のほうが規模は大きいぞ」

そう言ってくれました。もちろん、銀行・信用金庫それぞれの地域に根差した役割があるので、金融機関によって格上や格下などの上下の差はありません。

銀行の面接での志望動機は、

「地域の経済活性化の一役を担うために働きたい」

でした。ただ、心底そう思ったのではなく、あくまで面接対策でした。

しかし、自分が銀行員として働くようになってはじめて、「銀行員は地域の経済活性化のために働かなくてはならない」と意識するようになったのです。

若き日の父の働く背中を思い出しつつ、父の誇りとやる気が理解できる気がしています。

「銀行は、晴れの日に傘を貸して、雨の日に傘を貸さない」

確かにその通りかもしれませんが、お金を貸す側の論理としては、ごくあたりまえのこと。ちゃんと返してくれることがわからなければ、お金を貸すことはできません。

本当に苦しい雨の時、つまり経営がどん底で切羽詰まり、将来に期待できないのであれば貸してくれないのは、銀行に限らずどこも同じです。ですから、銀行とうまくつき合い、本当に苦しい状況に追い込まれないように、事前に対策を立て上手に金融機関とつき合っていくのが経営者の仕事ではないでしょうか。

私が銀行を辞める動機となった理由のひとつに、「雨の日に傘を貸さない」どころか、「雨の日に傘を奪いに行く業務」＝「不良債権回収の仕事」をしたことがあげられます。

当時勤務していた銀行に金融庁の特別検査が入りました。貸出先の資産査定が軒並み変更となり、大幅な引き当てを積まなければならなくなって倒産寸前に陥ったのです。

公的資金が投入されて九死に一生を得ることはできましたが、その後の銀行の方針は大きく変わりました。貸し出した資産は不良債権となり、銀行が利益を上げることや、公的資金を返済していくために貸出金の回収や金利の引き上げが急務となり、お客様の事情より銀行の都合が最優先されるようになりました。

そんなこともあり、私はお客様目線でいられないことに限界を感じるようになりました。そして、本当に経営者の役に立ちたいという思いから生命保険会社への転職を決意したのです。

その後、中小企業の経営者さんに、より密接に寄り添い、お手伝いをしたいと思い独立・起業し、今に至ります。

あらためて今感じることは、「創業の思い」の重要さです。


「なぜ、独立したのか」

私自身、独立してまだ2年弱ではありますが、紆余《うよ》曲折、創業時はさまざまな困難がありました。その困難を乗り越え、こうして出版までできるようになったのは、

「私と関わる全てのヒトと企業が上昇していくように」

「中小企業が資金繰り、銀行融資で困らないように全力でサポートしていく」

その創業の思い、土台があったからこそだと思います。

今後、金融機関はますます将来の可能性に対して融資をしたいという方向へ移行していきます。だからこそ、事業への思い、商品への思いが、今まで以上に大切な時代になってくると思います。

**➡創業、事業、商品への思いを「融資5原則」で満たして、応援される永続的な会社になろう。**

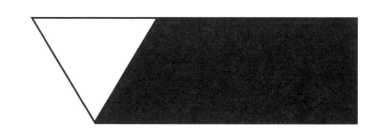

# 第 4 章

## 事業計画書に創業の「思い」があるからこそ、その商品が輝く

## 商品は、「思い」と「必然性」から生まれる

あなたが今、手にしているその商品。まさに、お客様の元へ送り出そうとしているその商品を、あなたはなぜ作ろうと思ったのでしょうか。

その商品は、どれだけ社会的意義のある素晴らしい商品なのでしょうか。

「なぜ、今さらそんなことを聞くの？」

そう思うかもしれません。

なぜなら、事業計画を達成してくれるのは「人――従業員」であるということは、2章でお話ししましたが、それと同時に「商品」でもあるからです。

しかし、自分のところで作っている商品にどんな社会的意義があるかなんて、そんなことをあらためて問われても、経営者の皆さんは言葉に詰まってしまうかもしれません。

毎日毎日あたりまえに、無意識に仕事をしていて、創業した当時のことなど思い出すことがなかったり、商品のことをそんなに深く考えていなかったり……。そんなところが実情かと思います。

けれどその商品は、ある日突然ポッと生まれ出てきたわけではありません。誰かが「作ろう」と思ったからそこにあるのです。誰かの役に立っているから、作り続けられているのです。

そのルーツは、毎日無意識にやっていることの中にあります。熱くて大きい思いが、必ず潜んでいるはずです。

そう確信しているからこそ、私はいつも経営者の方のお話を聞いていきます。その商品に隠れたルーツを発見し、言語化していくのが、私の大事な役目のひとつだと思っているからです。

「社会的意義なんて、とくに何もないよ」

私の問いに最初はそう言っていた社長さんも、たいていの場合、いろいろ聞いていくうちにだんだん舌が滑らかになってきます。たとえ初対面の間柄であったとしても、自社の製品のことを聞かれると、おざなりな返答、取りつく島もないような対応をされることは、まずありません。

私が必ず尋ねる質問は、次の通りです。

❶何を作っているのか。
❷それを、誰に売っているのか。
❸それは、どこで、どのように使われているのか。
❹使った人は、その商品によってどんな恩恵を受けるのか。

## ❺どんな問題を解決したくて、どんな未来を手に入れたくてこれを作ったのか。

作った商品を誰が使って、その人はどんな恩恵を受けているか。

商品がどう使われて、どんな恩恵を受けているか。つまり、使った人がどう助かっているか、どんないい思いをしているか。

それを知ることは、想像力を駆使しながら思い描いていく楽しい作業でもあります。形のない商品であるサービスについても同様です。

たとえば、お客様が土木工事に関わる事業を展開していたとします。

今まさに、目の前の道路の舗装が完成しました。これで、恩恵を受けるのはどんな人たちでしょうか？

ご近所のお年寄りは、シルバーカーが使いやすくなったり、つまずくことが少なくなったり安心して歩けるでしょう。ベビーカーを押すママさんや、よちよち歩きの子どもも安心でしょう。車いすが必要な人もラクになるかもしれません。

地面がよくなり、トラックが通るようになったために物流が活性化して、街がこれまでより発展するかもしれません。歩道ができて自動車道と分離されたことで、車も人も安心して通行できるようになるでしょう。災害時に物資が運びやすくなって、助かる人が多くなることも考えられます。

こんなふうに想像し、思いを膨らませていくわけです。

次項からは、私のお客様を例にしながら、事業計画の達成を左右する商品やサービスを見ていきましょう。


**➡その商品を使った人が受ける恩恵を知ると、そこに社会的存在意義が見えてくる。**

## ▽小さなボルトが大きなオフィスビルの一翼を担う

「ウチが作ってるのはボルトだからね」

初対面で会ったその社長は、少々ぶっきらぼうにそう答えました。

「社長はどんなものを作られているのですか？」

と聞いた私への答えです。

私はコンサルティングをお受けした時は必ず、状況が許す限りお願いして現場を見させていただいています。工場なら工場へ行く。飲食店なら行って食べてみる。商品なら買ってみたり、食品なら取り寄せて食べてみたりするのです。現場を見ること、実物を見ることで見えてくるものは必ずあると考えているからです。

実直を絵に描いたようなその社長は、最初はポツポツとではあったものの、話がことボルトそのものに及ぶと次第に熱を帯びて話しだしました。

ボルトのあの形は、鉄を削り出して作るのではなく、熱して溶かした鉄を金型に流し込んで作るものであるということ。

ボルト作りには、金型が命であること。

ウチの会社には、コンマ一桁の狂いも許されない金型を寸分たがわず作れる職人がいること……。

「ウチの金型は、ここがすごいんだよ！」

社長は胸を張って、そう言いました。

それは、一にも二にも熟練の技術を持った職人の腕を抜きにしては生まれ得なかった金型であり、それがなければ成し得られなかったと言っても過言ではない事業展開といえました。

また、この職人さんが高齢になってきていることもあり、後継者をどうしようかと悩んでもいました。

ところで、この社長に商品であるボルトの行き先を尋ねると、

「○○建設が買うんだよ」

というあっさりした答えしか返ってきません。

「その建設会社は、何を作っているんですか？」

「こちらのボルトは、どこで使われているんですか？」

次々と聞いていくのですが、社長はどこが買ってくれるのか、つまり誰に売っているのかということくらいは知っているものの、実際に何に使われているのか、どこで使われているのか、そして、その商品によって誰が恩恵を受けているのかということまでは、とても思い及ばないようでした。

「その建設会社は、主にビルを建てていますよね？」

「どんなビルを建てているんですかね。オフィスビルですか？」

「そのオフィスビルには、どんな企業さんが入っているんですかね？」

「その企業は、今のオフィスが手狭になったから、新しい環境を求めてそのビルに移るんでしょうね」

「そうならば、そこの社員さんたちは、前よりずっといい環境で働けることになったわけですよね」

「ということは、社長が作っているボルトは、その新しいビルで働いている人たちのオフィス環境の改善の役に立っているってことじゃないでしょうか」

先に挙げた❺つの質問の答えを、より明確に、より具体的に浮き上がらせるために、時には想像をめぐらし、時には帝国データバンクの資料を当たるなど、十分に調査をしながら次々といろいろなことを聞き、社長の想像力を刺激していきます。

その結果、経営者の皆さんが、

「今まで考えたことがなかったけれど、自分の会社の製品は、世の中のそんなところで役に立っていたのか」

と気づかれて、顔が明るくなるのがわかります。

さっきまで、

「ウチはたかがボルト屋だよ」

というような表現をしていた社長に、

「今まで、そんなこと考えたこともなかったよ。ウチの会社の社会的意義とか、製品が社会にこんなに役立っているということを、あらためて認識したよ」

と、お褒めの言葉をいただきました。

これが見つけられると、今までは従業員に、

「アレを売ってこい、コレを売ってこい」

と理屈抜きで指示していたのが、

「この商品にはこんなすごい価値があるんだから、臆せずに売りに行ってこい」

と自信を持って言えるようになるでしょう。

そして、目の前の大きなビルを見上げながら
「ウチのボルト、このビルで使われているんだよ」
と従業員が家族に話すこともできるようになるかもしれません。

**➡「たかがボルト」が最新のオフィスビルを支え、日本のビジネスを支える。**

## ▽建設現場管理システムが、工事現場で働く人や地域の安全を守る

「ウチのメイン商品のGPS運行管理システムは、工事現場の車両に載せて簡単に使えるスマホアプリです。NETIS《ネティス》（New Technology Information System＝情報提供システム）という国土交通省認定製品も受けています。

現場の労働状況から、車両の位置、速度超過、急加速・急ブレーキ・急ハンドル、ルート逸脱などの安全を監視できるし、事務所からのメッセージ送信、ドライブレコーダー機能、一日の運行帳票の自動作成機能なども備えているんです。そのほかにもね……」

建設業に特化した情報システムの開発を行う会社の経営者に話を聞いていると、いかにその商品が機能的に優れていて素晴らしいかという方向に話がどんどん進んでいきます。自社

の製品に並々ならぬ自信とプライドを持っていることが、痛いほど伝わってきました。

「そのシステムを、誰に売っているんですか？」

そう聞くと、社長は少々前のめり気味になってこう答えました。

「△△建設に売っているんだよ」

発注元は大手のゼネコンです。

社長にとっては、大手に評価されているだけでも十分に自尊心がくすぐられているようですし、金融機関に出す書類を書く時にも、その取引先の名前を入れれば間違いなく信用度は高まります。

私は、次々と質問を投げかけてみました。

「社長と同じようなシステムを作ろうとする競合他社さんはいないんですか？」

「こういうシステムは、大手企業では真似できないものなのですか？」

そうやって質問を重ねるうちに、この会社がそんな大手ゼネコンからの発注を受けるのも、競合や大手企業には真似のできない大きな強みがあるからだということがわかってきました。

たとえば、こういうシステムにはたいてい汎用《はんよう》性がなく、ほぼその現場に合わせたオーダーメイドでないと対応できません。ですから、発注を受けたらまず、社員自ら工事現場に直接足を運んで細かくヒアリングし、状況を把握してから開発をスタートさせる方法をとっていました。そうすると、たとえば先方が、

「この現場では、こんな機能が欲しいのだけど」

と言ってきても、

「いや、それよりこのような機能のほうが便利ですよ」

などの提案ができるなど、臨機応変に対応できます。

また、導入後に起きたシステムの修正に迅速に対応できるのは、小回りが利くことに加えて、経営者も従業員も現場でのアプリの使い方を熟知していることが理由でした。

もちろん、これまでに積み重ねてきた数々の実績と、そこからくる信頼に因るところも大きいようです。

ここまで質問を続けた私は、「その先」が知りたいと思いました。

「そのシステムを作ることで誰が恩恵を受けるのか」

これをはっきりさせることは、その会社のモチベーションにつながりますし、経営者や従業員の皆さんのコミュニケーションにもよい影響があるはずだからです。

たいがいの場合、私がこのように深掘り作業を進めていくと、経営者のほうも一緒になっていろいろ考えたり、調べたりしてくれるようになっていきます。それによって経営者が融資申請書を書く時の売り上げ数値目標にも説得力が増しますし、取引先の次の事業や業界の動向を見ながら、ゼネコンやその他の需要を掘り起こしていくこともできるようになります。

また、この深掘りによって、それらを会社の経営理念に反映したり、これまでの経営理念の補完説明にしたり、時として経営理念の後付け理由にしたりすることもあります。

結局、ヒアリングと調査、推測を重ねた上でわかってきたのは、そのシステムは、大手ゼネコンからの何段階もの下請け業者の人たちが現場で安全に効率よく働くために使われているということでした。

一般的に工事現場の労働環境というと、いまだに「きつい、汚い、キケン」の３Ｋと揶揄《やゆ》されていることが多いようです。

しかし、国土交通省のＮＥＴＩＳに認定されたこのシステムを導入すると、その会社は、従業員を安全・安心な環境で働かせているという証明になるのです。これは、従業員たちはもちろん、その従業員たちの家族にも大きな安心をもたらします。

また、そのシステムを導入した会社にも加点があり、以降の落札に有利に働くなどの特典がありました。

ほかにも、システムを導入することによって、工事が安全かつスムーズに進められるので、それがひいては周辺地域住民の安心につながるという利点もありました。また、地域の環境整備にもなるでしょう。この情報システムは、それくらい社会的意義があるのです。

「すごいですね。社長の会社は、とても社会的意義のある仕事をされているんですね」

そう私が言うと、その経営者はうれしそうな顔をしました。

どちらかというと、自社製品の機能の素晴らしさと、大手ゼネコンに評価されていることのほうに気を取られていて、その製品が社会に何をもたらしているか、誰に恩恵を与えているかなどを意識することがなかったのが、私のヒアリングによって、それに気づくことができたのです。

**⬇スマホアプリの開発が、現場従業員やその家族、地域住民に安心と安全をもたらす。**

## ▽介護施設が、アフター・コロナを見据えた設備投資でサービスを向上

つい先日、介護事業を営むお客様とコロナの関係で決まった融資の使途について相談をしました。

予定よりもずっと多く融資金が出たのですが、現在、現金収支はマイナスなので、このままでは、どんどんお金は消滅していく一方になってしまいます。

重度身体障害のある人たちを受け入れられる施設にするプランもあったのですが、社長と膝を突き合わせて検討し、行きついた結論は、「新しいことに投資するのではなく、今あるものを大事にしよう」ということで、まずは現在やっているサービスの向上に努めることになりました。

とくに、コロナ感染対策をしっかりと行うための設備と、使い勝手がイマイチで従業員にとっても重労働だった入浴介助の負担を軽くするための機器の導入や、浴室改装などの投資に回して、利用者さんに少しでも快適に安全に利用してもらえるようにしたのです。

そうやって設備が整えば、ケアマネージャーさんや介護施設紹介機関などの外部に向けて営業攻勢もかけられますし、ホームページでそれをアピールして集客を図ることもできます。

「借りたお金をどう使うか」というのにも、経営者の「思い」が表れます。

銀行からお金を借りるということは、資金繰りを改善する意味もありますが、「もらえる」わけではありません。借りたお金は返さなければなりませんから、売り上げや利益につながる使い方をしなければならないのです。

介護事業においてのそれは、利用者さんに少しでも快適にすごしてもらうためにそのお金を使うということです。

もともと理学療法士の資格を持つ経営者が営むこの介護事業所は、リハビリを取り入れたデイサービスをやりたいという社長の思いから生まれました。周辺地域には、そういう施設がほとんどなかったからです。

「脳梗塞で半身不随になるなどして身体を自由に動かすことがままならなくなった人たちは、外に出たがらなくなっちゃうんです。それでよけいに身体が動かせなくなっていく悪循環に陥る。だから、そういう人たちにリハビリを通じて積極的に外出できるようになってもらって、明るく日々を過ごしていただきたいのです」

そう経営者は言います。

これがまさしくこの介護事業所のコンセプト、存在意義です。

介護事業において、業者が売っている商品は、介護という「サービス」です。ですから経営者は、施設の利用者さんたちはもちろんのこと、従業員たちのことにも注意を払い続ける必要があります。

一般的に従業員たちにとって過酷ともいわれる労働を強いられがちなこの業界で、売り物であるサービスが劣化してしまうことは、少なからずあるそうです。介護が単なる「作業」となってしまい、そこから「心」がなくなるのです。

職人さんの作るボルトや、メーカーが作っている製品は、はっきりとした形があって、ちゃんと目で見ることができます。だから、不具合があったり不良品だったりすれば目視でわかります。しかし、サービスというのは概念であり、目で見ることはできません。

もちろん、リハビリの指導や介助、さらに食事、入浴、排泄《はいせつ》、歩行等々の介助、自宅と施設間の送迎……。多岐にわたるサポートに関わる行為、行動、気遣いなどは、目に見えるといえばいえないことはありません。けれど、形が決まっているものではないので極めてわかりにくく、従業員それぞれの経験や技術、そして、心のありよう、思いなどによって変わってくるものです。

「これが、ウチの作ったボルトだ！」

と言えるものがないわけですね。

目に見えないからこそ、その事業所の社会的意義、存在意義や創業の思いなどを、週に1回なり月に1回なり、シャワーのように従業員に繰り返し浴びてもらい、意識させてよく理解させる作業が必要となってきます。それが、従業員の気持ちを変え、サービスの質をキープすることにつながるのです。

その時にも事業計画書が利用できます。

この介護事業所では、金融機関に提出する事業計画書とは別に、従業員用の事業計画書を作り、折に触れてそれを読み返す機会を持つようにしています。それによって、経営者がどんな思いで介護事業を立ち上げたか、どんな理念を持っているのかを共有し、思いを新たにしてもらうのです。

その経営者からは、

「伊藤さんのおかげで、自分の創業の思いや、この仕事を始めた時に思っていたこと、この仕事の社会的意義などを明確にした事業計画書を作ることができた。これを指針にすれば、自分が具体的に何に手をつけたらいいか、どう進んでいけばいいか、はっきり明確にわかるので助かるよ」

と、言っていただけています。

彼の事業に対する思いが明確で、なおかつそれが従業員に浸透しているからでしょうか、その介護施設にはいつも明るくて温かな雰囲気があふれ、利用されている年配の方たちの笑顔もより輝いて見えます。

⬇ 事業計画書を利用して、目に見えない、形にならない「サービス」の質を保ち、利用者に寄り添う。

## ▽ 自らの悩みの克服をベースに肌、心、体にアプローチするエステを開業

洋の東西を問わず、古今を通じて、女性たちの美を求める気持ちには限りがありません。それだけに、さまざまな形でそれに応えようとする美容ビジネスは衰えることを知らない勢いがあります。

知人を通して紹介されたエステティシャンの女性は、10年近くひとりでサロンを切り盛りする個人事業主でした。今回、コロナの感染拡大で営業停止指定業種となったことから休業

を余儀なくされ、アフター・コロナに向けて融資を受けることを考え、私と出会ったのです。

私は彼女に対して、いつからこの仕事を始めたのか、なぜこの仕事を始めたのかなどといった通常の質問のほか、自粛期間中の今、どんなことをやっているかなどの質問をしていきました。

コロナが収束した後に来店が予想されるお客様の数を聞いた時のことです。彼女が出してきた数字は具体的なものでした。

「なぜ、それだけのお客様が来ると予想できるのですか？」

私は、その根拠を聞きました。

巷《ちまた》にエステサロンは、それこそ星の数ほどあります。それなのになぜ、その数のお客様が自分のところへ来てくれると確信を持っているのかを知りたかったのです。

すると、

「私は○○手技療法士、○○派心理学アドバイザーなどの民間資格を持っていますので、それを生かし、フェイシャルエステやボディーエステなど、外から施術するだけではなくて、食事や水、言葉、考え方など、内面からの指導も行っているんですよ」

そう話してくれました。

彼女の施術は、ほかのサロンとは違って単に通り一遍のやり方で外見を美しくするのではなく、一人ひとりの肌や心身の状態に合わせて内面からも美にアプローチする「完全オーダーメイドエステ」だったのです。

エステティシャンは、単に顔や身体のマッサージなどを行うだけのイメージがありますが、いくら外側を磨いても、内面から変えていかないと本当にきれいにはなりません。食べ物や水分の選び方、食習慣、ものの考え方やそのクセなどに気をつけることも大切……と気づいた彼女は、施術だけでなく栄養から心理学等々、外側だけでなく内面も含めたホームドクター的存在になりたいと、さまざまな勉強を続けてきたそうです。

これこそが、彼女にとっての看板商品であり、この浮き沈みの激しい美容の世界で安定した業績を残せてきたゆえんであることがわかりました。

そして、コロナ騒ぎで休業中にもSNSで情報を発信したり、無償でオンライン美容講座を開催、個別指導をしたりして顧客の不安を和らげるとともに、関係性が切れてしまわないように地道な努力を続けていることもわかりました。

そんなところがお客様にも信頼されて、これだけの売り上げが立っているのでしょう。

とはいえ、本人はあまりにもあたりまえに続けてきたせいか、自分の施術に特別感があることや、「私ってすごいでしょ?」などとは、まったく思っても気づいてもいない様子でした。

これまでずっと順調に経営を続けてこられたために融資を受けたことがなく、金融機関に対してプレゼンをする機会もなかったのですから、そんなこともあるのかもしれません。

事業計画書を作るにあたり、私はその後もたくさんの質問を投げかけ続けました。そして、

いろいろヒアリングするうちに、

「実は私は……」

とあらためて思い出してくれたのが、「創業の思い」だったのです。

もともと化粧品販売の仕事をしていた彼女にはアレルギーがあり、肌荒れがひどいのがコンプレックスでした。いろいろな化粧品を試してみたものの改善することはなく、化粧品にできることには限界があると感じていたそうです。

女性は、肌の調子が悪いと心が沈むこともあるそうです。しかも、心の調子が悪ければ肌にも悪影響が出る。食事を含む日常生活も関係してきます。

試行錯誤を繰り返した彼女は、やがて「肌と心、内臓はつながっている」ことを確信しました。そして外側からだけでなく内面からの改善も行うようになったところ、時間は多少かかったものの肌がきれいになってきたのです。

そのことがきっかけとなって、一人でも多くの肌に悩む人や、肌がコンプレックスで笑顔に自信が持てなかった人の力になりたい……。そんな思いでサロンを創業したと話してくれました。

「私の施術や指導を受けたお客様が、生活習慣や食生活、考え方や行動を変えることでコンプレックスを乗り越え、笑顔を取り戻してくれる……。こんなうれしいことはありません。

これからもお客様に寄り添い、お客様のコンプレックスを強みに変え、内面からきれいになって、笑顔で明るく生きていくためのお手伝いをしていけたら幸せです」

自分の問題を自分自身で解消し、その経験を基に同じ悩みを持つ人に寄り添い、力になりたいという「思い」。

それが詰まった彼女のサービス（施術・指導）は、コロナ禍でも人の心をとらえて離さなかったというわけです。


**⬇自分のコンプレックス克服体験に基づく施術で、多くの人の肌悩みに寄り添う。**

## ▽自分が悩み苦しんだ企業の「人」問題を、企業に入り込んで解決

コロナ感染拡大の影響で、融資の申請を検討すべきかどうかということでご相談を受けた人事コンサルタントの男性がいました。

企業の、「人に関する困りごと」を解決しながら、経営のサポートを行うのがその方の仕事です。

「企業に入り込んで、組織構造を変えながら従業員さんの働きをサポートし、何か問題があればそれを解決するのが私の仕事です。具体的に言うと、経営者と従業員の間に新たに管理

職を育成するなど、長期にわたって関係性を持ちます。私がいなくなったことで辞めてしまった従業員さんがいるくらいの信頼を得ています。

競合する業種に社会保険労務士がいますが、彼らは、給与計算や助成金手続きなどの事務的なサポートが多い上、私のように会社に入り込んで細かく調査や助言をすることができる社労士は多くありません。私自身は社労士の資格を持たないので、そういった業務を担当する必要がなく、その分、会社を訪問した時に、より従業員さんと親身にかかわることができるのがうまくいくコツでもあります。

今回、コロナ禍であっても複数の顧問契約が継続され、安定的に経営はしていますが、定期的に開催していたセミナーが延期を余儀なくされており、融資を検討したほうがいいかご相談です」

男性は、そうおっしゃいました。

いつも通り質問を重ねていくと、この男性が人事コンサルティングの仕事を始めたきっかけがわかってきました。

彼は、以前、複数の美容院を経営していました。ところが、「人」の問題でトラブルがあり、経営を手放さざるを得なくなったという経緯がありました。

信頼していた人に裏切られ、仕事も失う事態に追い込まれてしまったのです。まさに彼自身に「人」の問題に悩まされた過去があったのです。

そこから立ち直った彼は、その経験を生かし、「人」の問題で苦しむ経営者と従業員たちの力になりたい。従業員の負担を少しでも軽くしてあげたい……という強い思いを抱いて、会社を立ち上げたのです。

これも立派な公共性の発現です。

彼の仕事への熱心な取り組み方の原点を見た気がしました。

この方の融資に関しては、このような時期でこの先何が起こるかわからないので、融資を受けておきましょう、との決断に至りました。

基本的に、融資の申請書を作る場合は私がヒアリングして書くのですが、今回は「自分自身の言葉で書いてみたい」との彼の要望で、私が本人からいろいろと話を聞き出して書いたものを彼自身がアレンジし、それをさらに私が添削する形で作成しました。

申請書自体はしっかりとした文章で書かれており、必要書類も過不足なくそろっていましたが、私が最も気になったのは、

「このままだと経営が困難になります。資金繰りが苦しいのでぜひお金を貸してください」

という悲壮感が文中に漂いすぎていたことでした。

しかし、あまりに苦しんでいることを強調しすぎるのは逆効果です。そんな苦しそうな人にお金を貸すのは、誰だって返してもらえるかわからなくて不安だからです。

かといって、困窮している様子を微塵《みじん》も感じさせないようなお気楽さだと、「それほど困っていなさそうだから、貸す必要なんてないのでは？」と思われて貸してもらえない懸念もあります。

そのあたりのさじ加減がわからないと、窮状を強く訴えたほうが効果的だと誤解してしまうようです。このあたりは、銀行員を経験したことのある私だからこそわかるものかもしれません。

私が手を入れた融資申請書は、

「非常にわかりやすい資料だった」と金融機関の人から大絶賛され、無事に融資が下りることになって、本人からも大変感謝されました。

また、売り上げの立て方について私が細かくヒアリングした結果、本人もどうやって売り上げていくかについて真剣に考える機会になったようでした。

彼自身にも人事コンサルタントとしての自覚が増したようで、収支計画に従った行動を精力的にとり始めています。

本人の「思い」のこもった商品（サービス）のグレードがさらに高まるといいですね。

**➡人間関係に悩んだ過去の経験を、同じ悩みを持つ人のために活かす。**

## ▽仕事に対する態度や考え方で、応援してもらえるか否かも変わる

ここまで、私のお客様を例にしながら、事業計画書を書くための事前のヒアリングの実際を見てきました。

経営者の皆さんに、「事業計画書には融資の5原則を盛り込むことが重要」などとお話ししても、

「どうせウチなんか関係ないし、そんな大それたことをしているワケじゃないから……」

と考える気さえ起こさず、

「自分は口ベタだし、そんな話はできないよ」

となるかもしれません。

確かに、私の質問に対して深く考えはするものの、それを表現するのがうまくない経営者もいらっしゃいます。

それでも、大丈夫。

口ベタな人も、本書を活用して、忘れていたコンセプト、思い及ばなかった自社製品の存在意義など、「融資5原則」の中でも大切な「公共性」を再認識していただくことから始め

てみましょう。

そうはいっても、中にはお断りするケースもございます。

以前、コンサルティングをお受けする前の初回面談にいらしたお客様は、フランチャイズで不用品買い取り店のオーナーを始めた方でした（前述の多角化経営のオーナーとは別の方です）。脱サラで起業したもののうまく資金が回らず、融資を受けたいけれどどうすればよいのか相談にのってほしいとのご要望でした。

私は通常のお客様にするのと同じように面談し、通常通りの質問を投げかけました。

「どうしてこの仕事を始めたのですか？」

そう聞くと、彼は悪びれる様子も見せずにこう言いました。

「正直、不用品買い取りなんてやりたくないし、くだらない仕事だと思っているんですよね。だけど、サラリーマンよりはましかなと思って始めたんです」

彼の口からは、堰《せき》を切ったように仕事の愚痴、お客様の悪口、フランチャイズ本部への不満……。あらゆる不平不満があふれてきました。

「まあ、それでも仕事ですからね。表向きは一応ちゃんとお客さんには対応してますけどね。だけど、考えてみれば不用品の買い取りなんて、結構かったるい仕事なんですよ」

それを聞いた私は少々あきれてしまいました。

正直、仕事を始める動機はなんでもいいと思います。

「儲《もう》かるって聞いたから」

「リストラされて仕方なく」

「サラリーマンがイヤだから」

そんなきっかけで始めた人が、今では立派に経営者として成功している例もたくさんありますし、そういう方のお手伝いも数多くしてきました。

しかし、この人は仕事を始めてからもなお、その仕事をバカにし、お客様を見下し、軽く見ている。そういう考え方を、どうしても受け入れられませんでした。

とはいっても、ご縁があってお会いしたお客様ですから、誠心誠意対応しなければならないと思った私はこう言いました。

「そうですか。そういう△△さんの気持ちって、出していないつもりでも仕事ぶりに出てしまっていませんか？　お客様に伝わってしまっているから客がこない、売り上げにつながらないって感じることはないですか？」

「いや、絶対そんなそぶりは見せてないから大丈夫」

と答えるその人を見て、私はそういう考え方の人、そういう姿勢で仕事に臨む人の手助けや、融資のサポートをすべきでないと判断しました。

なぜなら、そんな考え方の人に大切な思い出のある品物を買ってもらうお客様が不幸になるような気がしたからです。

結果的に、私はその方の融資のサポートをお受けしませんでした。その後の彼がどうなっているのかはわかりませんが、思い直して事業を継続し、お客様に誠心誠意対応するようになっていってほしいと思います。

正直申し上げると、このようなお客様はごくたまにいらっしゃいます。そういう方に対して、言葉を尽くして説明したり、やんわり諌《いさ》めたりすることもありますが、それでも聞く耳を持たないような人、改善の見込みのない人に対しては、お引き取り願うようにしています。自分の仕事に社会的意義や存在意義があるかないかを探る以前に、自分のやっていることに誇りも持てず、お客様を見下げた態度しか取れない。

そういう人は、その仕事をする資格はないし、金融機関どころか誰も応援してくれるはずがありません。

**⬇ロベタ、表現ベタでも、仕事への「思い」が伝われば、周囲から応援してもらえる。**

## ▽銀行員は敵ではない！　銀行員を味方につけよう

融資を申請して審査を受ける……となると、銀行員を前にしてどうしても身構えてしまいがちです。

融資がうまく進まなければ、銀行員がだんだん敵のように見えてきてしまうこともあるでしょう。

しかし、そうではありません。

何度もお話ししてきた通り、銀行などの金融機関は、本来経営者を助けるためにあるものです。とくに事業性評価融資の方針に変わって以降、銀行はますます「経営者を助けたい」「お金を貸したい」と思っています。

ですから、本来銀行は、

「何かあったら、気軽に相談に来てください」

と笑顔でわれわれを招き、歓迎してくれる存在のはずです。

金融機関も銀行員も、敵とみなして戦うよりは、味方につけてしまったほうがコトは順調に運びますし、ひとりで暗闇の中を手探り状態で戸惑いながら進むよりは、その道のプロに委ねたほうが何かにつけて頼りになるのは自明の理です。

ただし、銀行員の誰もが友好的で有能で、時間も余裕も十分にあり、何でも迅速にこなせる熟練の人であるわけではありません。

たいがいの銀行員は年中忙しくノルマに追われ、時間も気持ちも余裕がなくて常にあたふたしている状態。お客様一人ひとりに対してじっくりと時間を割き、とことん相談に乗ってくれるということは難しいかもしれません。もちろん親身になってくれる金融機関の人間はたくさんいますが、銀行に提出する書類について手取り足取り教えてくれる担当者は、なかなかいないと思っていたほうがよいかもしれません。

経営者の皆さんの中には、お金が借りたくて申請書を提出したのに、ずっとなしのつぶての銀行員や、随分経ってから、

「申請にはあの書類も必要でした」

「この書類も書いてもらわなければなりませんでした」

等々、何枚も追加で書類を出させたあげく、

「すみません、融資は通りませんでした」

と言ってくる銀行員に遭遇して、あぜんとした人もいるかもしれません。

しかし、逆の立場――かつて銀行員だった私の立場――から言わせていただけば、そこにはこんな構図があります。


取引先から融資を申し込みたいと言われたので、

「まず、この書類を書いてきてください」
と経営者に渡し、持って帰ってもらう。
←
ところが経営者は書き方がまったくといっていいほどわからないので、ずるずるとそのままほったらかしにしてしまう。
←
銀行の担当者に、
「あの書類どうなってますか？」
と催促される。
←
経営者は、やっぱり書き方がわからないので、わからないまま書類を書いて提出する。
←
銀行の担当者は、それを見て、
「う～ん、これじゃつじつまが合わないので書き直してくれませんか？」
と経営者に戻すものの、わからないのには変わりがないので、そのまま書類を再提出する。
←
案の定、融資の話は進まない……。

このような悪循環というか、ムダな流れが繰り返されるケースもあります。

若手銀行員時代の私も、最初はそんなことをやっていました。

ようやく経営者から上がってきた書類のつじつまが合わず、このままでは上に上げられない。

私自身、融資のノルマもあって早く融資を実行したいこともあり、

「では、私が社長にヒアリングして代わりに書類を作ってもいいですか？」

そう言って、半ば自分のノルマ達成のために始めたのでした。それが現在の業務で生かされるようになるとは思いもよりませんでした。

当時、私のまわりにそのようなことをやっている銀行員は少なかったように思います。融資事務や決算書をもとに社長と会話をすることが苦手な同僚もいたからです。

一人ひとりにじっくり話を聞かなくてはならないため時間はかかりましたが、書いた稟議《りんぎ》書が通って融資が出れば経営者にも喜ばれますし、自分自身の成績も上がって評価されるのが励みとなり、猛烈に頑張りました。

その中でつかんだのは、稟議書やその前段階の支店内協議でその案件を取り上げるか取り上げないかは、書類の書き方ひとつで大きく変わってくるということ。つまり、うまく書いて説明することができれば支店長や融資役席が認めてくれやすいということです。

結局、私が銀行に入行し、生命保険会社に転職するまでの10年の間に書いた稟議書は、約1000件にも上りました。


銀行は経営者を助けたい。お金を貸したい。

経営者もお金を借りたい。

両者の目的は一致しているのに、歯車がうまくかみ合わない。

歯車を狂わせているのは、経営者が融資に関するもろもろの書類の書き方がわからないにもかかわらず、銀行員がその書き方を教えたり、自分で書いたりする時間がないこと、あるいは担当者によってはその能力がないことが一因です。

だからこそ、銀行員として1000件もの稟議書を書き、法人生保営業で結果と実績を持つ私が経営者の皆さんの力になれるのです。


事業計画書は、金融機関からお金を借りるためだけに書くものではありません。

そこに「思い」を乗せ、従業員はもちろん、その家族やステークホルダー（企業に対して利害関係を持つ人）、金融機関、地域住民など、あらゆる周囲の人に応援してもらうために書くものでもあるのです。

もし金融機関との取引の仕方がわからないようであれば、顧問税理士さんはじめ、私のような外部の専門家の力を借りて金融機関を味方につけ、応援してもらえる企業になっていただきたい。成功していただきたい。そのために私の経験やスキルがお役に立つのなら、ぜひ利用していただきたいのです。

私自身も、クライアントさんのお力になれるよう今後も精進していきたいと思います。

**➡銀行員も人間。事業計画書の「思い」や「理念」に共感すれば強力な応援団と化す。**

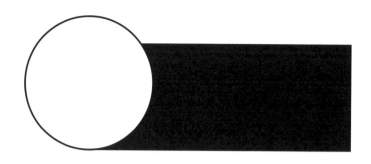

# 資 料 編

伊藤オリジナル
「資金調達サポート資料」と
「事業計画参考資料」

ここからは資料編として、私が通常行うコンサルティング業務の流れについての説明と、過去にコンサルティングをさせていただいた方の実例を引きながら、実際に作った事業計画書や資金調達資料、資金繰り表などをお見せします。また同時に、私のオリジナルシートについての解説もしていきます。

ただし、これはあくまでも、それぞれのお客様専用に作ったものであって、必ずしも汎用《はんよう》性が高いものではありません。私のコンサルティングは、その方その方それぞれの状況・ケースに対応したフルオーダーメイド方式だからです。たとえこれらを同じように書いて銀行に提出したとしても、必ず融資が通るというわけではありません。

今まで述べてきた私のやり方がどのようなものか、どんなことを書いているのかを理解するための参考にしてください。

## ○一般的な事業計画書にはどんなものがあるのか？

インターネットで「事業計画書、フォーマット」あるいは「事業計画書、ダウンロード」などの言葉で検索すると数多くのサイトがヒットしますし、書店へ行けばさまざまな「事業計画書の書き方」なる書籍が並んでいます。

それらには必要な書類の種類や詳細が羅列されており、それぞれ名前や書式に違いがありますが、いわゆる一般的な「事業計画書」として必要になってくる書類には、次のようなものがあげられます。

・表紙
・目次
・経営者プロフィール・提案の背景
・事業概要と理念・ビジョン
・ビジネスモデル
・ペルソナと購入プロセス
・ビジョンストーリー
・取扱商品・サービスの提供イメージ
・顧客および顧客ニーズと市場規模、競合と当該事業の成功要因
・マーケティングプラン
・業務プロセス

これらに「収支計画書」や「資金繰り表」などを加えれば、銀行融資に必要な事業計画書といえます。

**一般的な事業計画書**

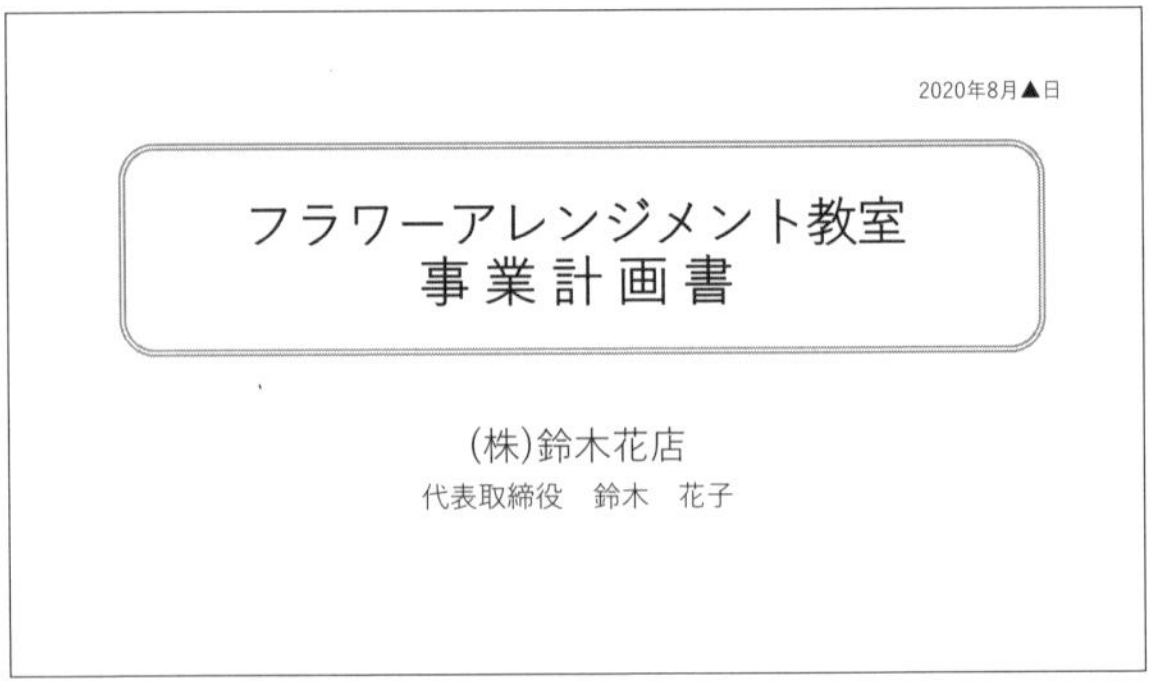


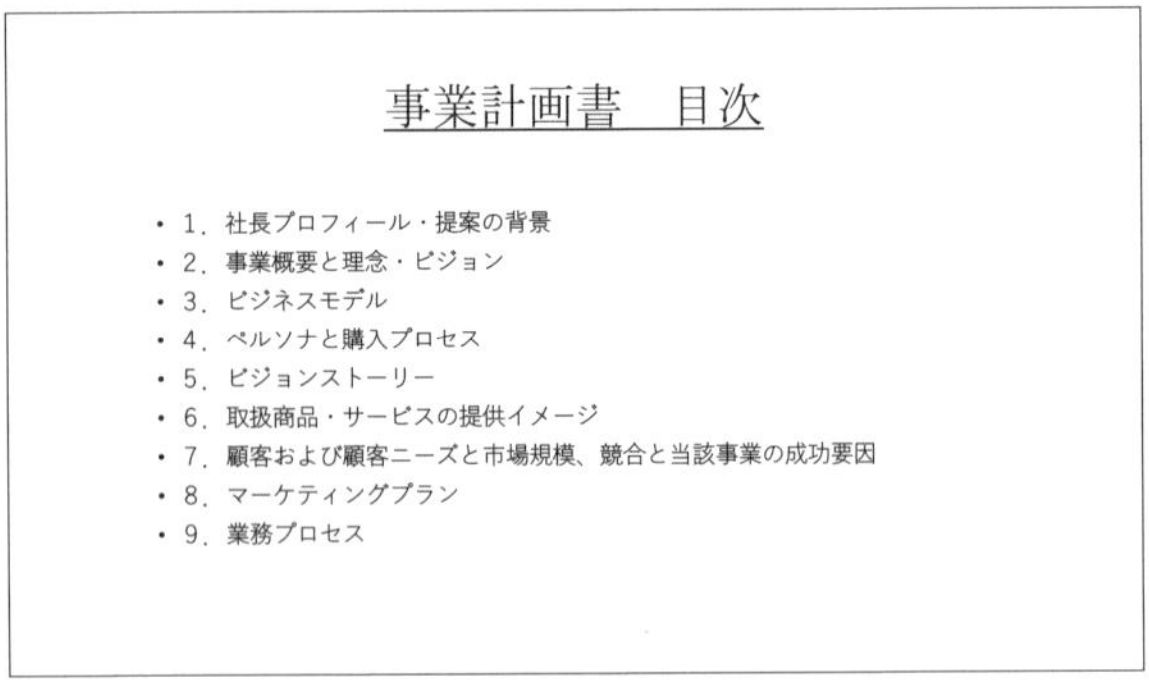


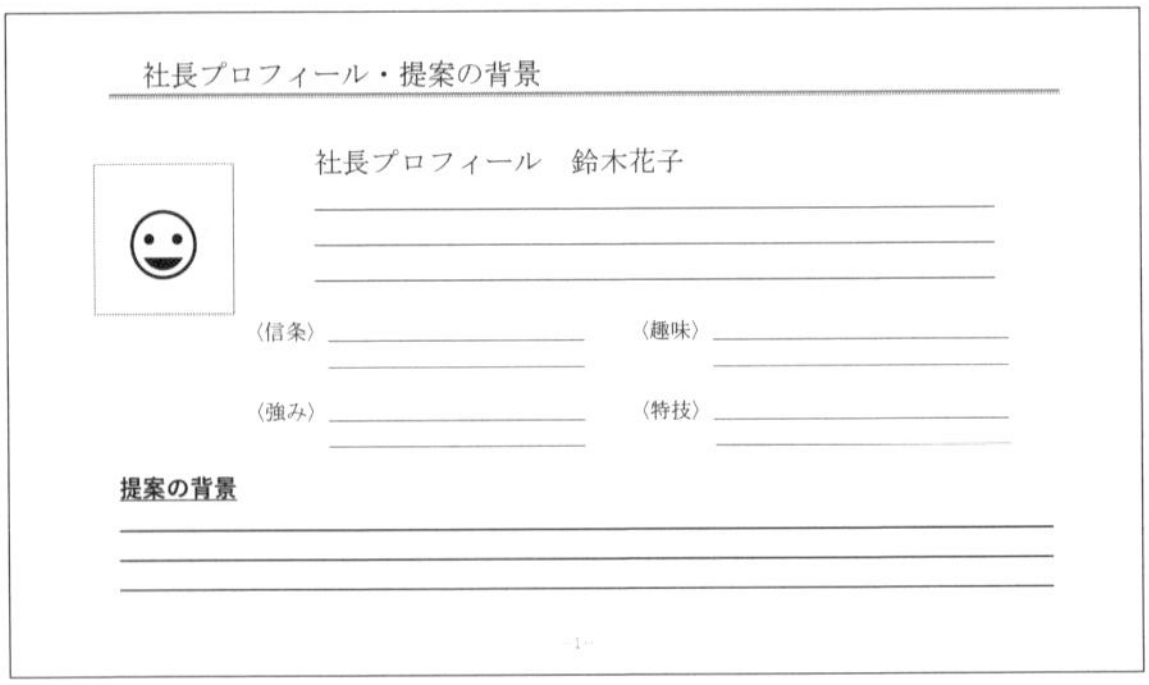

取扱商品・サービスの提供イメージ
商品・サービス
商品・サービス
事業コンセプト
提供するもの・こと（内容・価格）
提供形態
特　徴
提供エリア

事業概要と理念・ビジョン
・事業概要
・事業理念
・事業ビジョン

顧客および顧客ニーズと市場規模
ターゲット顧客
顧客層A
顧客層B
顧客層C
プロファイル
顧客数
ニーズ
市　場
規　模（金額・数量）
特　徴
市場全体
セグメント1
セグメント2
競合と当該事業の成功要因
■ 主な競合と当事業との比較
会社名
ターゲット
ニーズ
価格
プロモーション
強み・弱み
生徒数
売上
成功要因
当事業
競合A
競合B

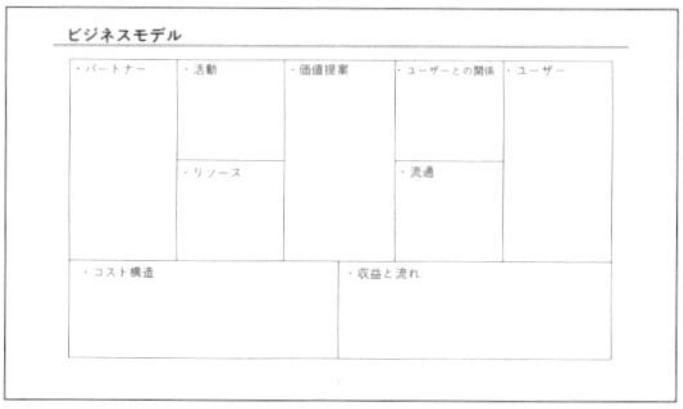
ビジネスモデル
・パートナー
・活動
・価値提案
・ユーザーとの関係
・ユーザー
・リソース
・流通
・コスト構造
・収益と流れ

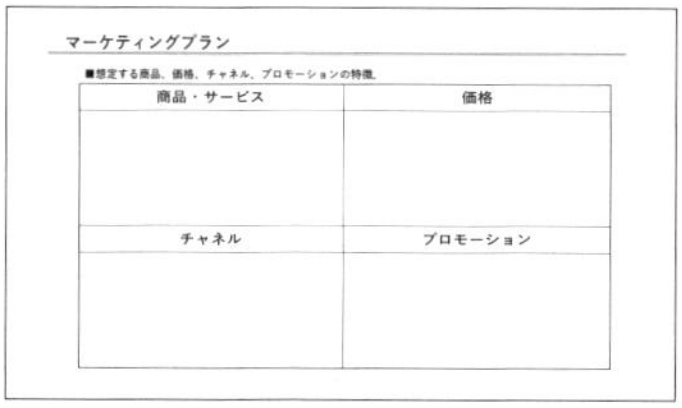
マーケティングプラン
■想定する商品、価格、チャネル、プロモーションの特徴。
商品・サービス
価格
チャネル
プロモーション

ペルソナと購入プロセス
ペルソナ設定
年齢
性別
住所
家族構成
職業
年収
趣味
購入プロセス
Attention（注目）
Interest（興味）
Desire（欲求）
Motive（動機）
Action（行動）

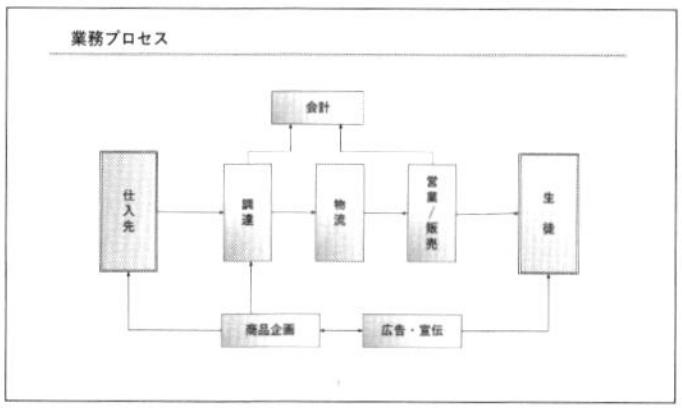
業務プロセス
会計
仕入先
調達
物流
営業／販売
生徒
商品企画
広告・宣伝

ビジョンストーリー

## ◯コンサルタント業務の流れ

私が過去に作成した事業計画書をお見せする前に、弊社の実際のコンサルタント業務の流れについて、ざっくりとお話ししておきたいと思います。

一般的に、次のような流れになります。

**1　アポイント**

←　ＨＰ経由、お電話などで予約を承ります。

**2　会社訪問（初回訪問）**

←　日時が決まりましたら、まず会社に伺います。

**3　ヒアリング**

←　現在の悩みや懸念事項、将来の不安などを伺います。現在お持ちの事業計画書や経営計画書、キャッシュフロー表なども診断いたします。

**4　視察**

←　工場なら工場、店舗ならば店舗に実際に伺い、現場を視察させていただきます。

## 5 ヒアリングレポート作成

←さまざまな質問で問題点を探るとともに、今後の改善点を明確にします。資産・資金管理、人材活用、財務管理等の月次サポート契約のご要望にも応じます。

※ヒアリングレポートには財務分析（収益力や財政状況の把握など）と一緒に事業分析（経営資源ごとに事業を分析）も行っています。私が作成する事業計画が絵に描いた餅にならないのは、この事業分析がしっかりしているからと自負しておりますが、この手法については本書のタイトルと違ってくるのと、事業分析に関するコンサルティングノウハウだけで1冊の本が書けてしまうぐらいですので、ここでは割愛させていただきます。

## 6 金融機関提出資料作成

←資金調達や借り入れの適正化が必要な場合、融資5原則に則《のっと》った事業計画書や必要書類を作成します。ご自身の言葉で書いていただいたものを添削することもできます。

## 7 ディスカッション

←できあがった書類をもとに、疑問点・不明点等の質疑応答やアドバイスをします。わからないこと、不安なことをすべて解決してください。

## 8 提出資料修正

←修正点等ありましたら、それに応じて修正を施します。金融機関に対する想定問答集を作成し、練習サポートも行います。

**9　信用保証協会同行**

↓

必要のある場合は、金融機関へ行く前に信用保証協会の事前相談などに同行します。

**10　金融機関へ提出**

↓

完成した書類を金融機関へ提出します。金融機関は提出した書類に対して質問をしてきますが、事実をありのまま答えてください。

**11　融資実行!**

↓

**12　モニタリング：事業計画遂行のサポート**

## ○「ここまで詳しく聞く?」と驚嘆されるスペシャルヒアリング

お会いしたら、数々の質問を重ねながら、現在の悩みや、将来的な不安、気になっていることなどをお聞きし、ヒアリングシートを作ります。実際にどのようなことをヒアリングするかについては、ブランクの面談シートを載せておきますので参考にしてください。

また、現状お持ちのキャッシュフロー表や事業計画書、経営計画書などの書類を拝見し、問題点の洗い出し作業も行います。

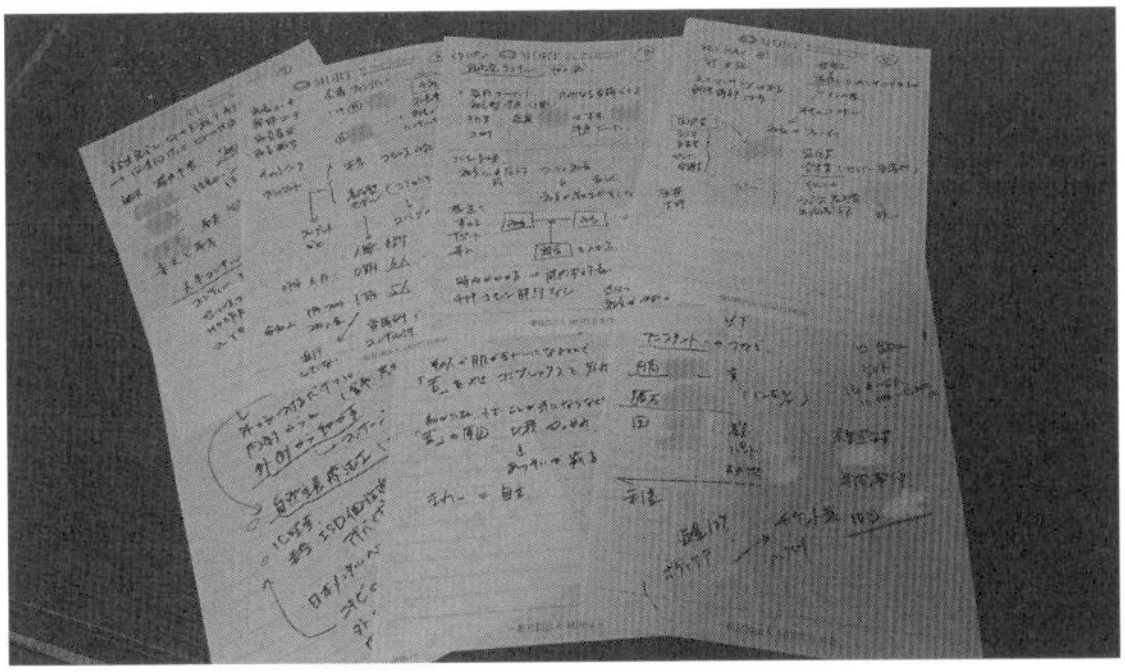

マッサージサロン・人事コンサルタント・ヒアリングシート

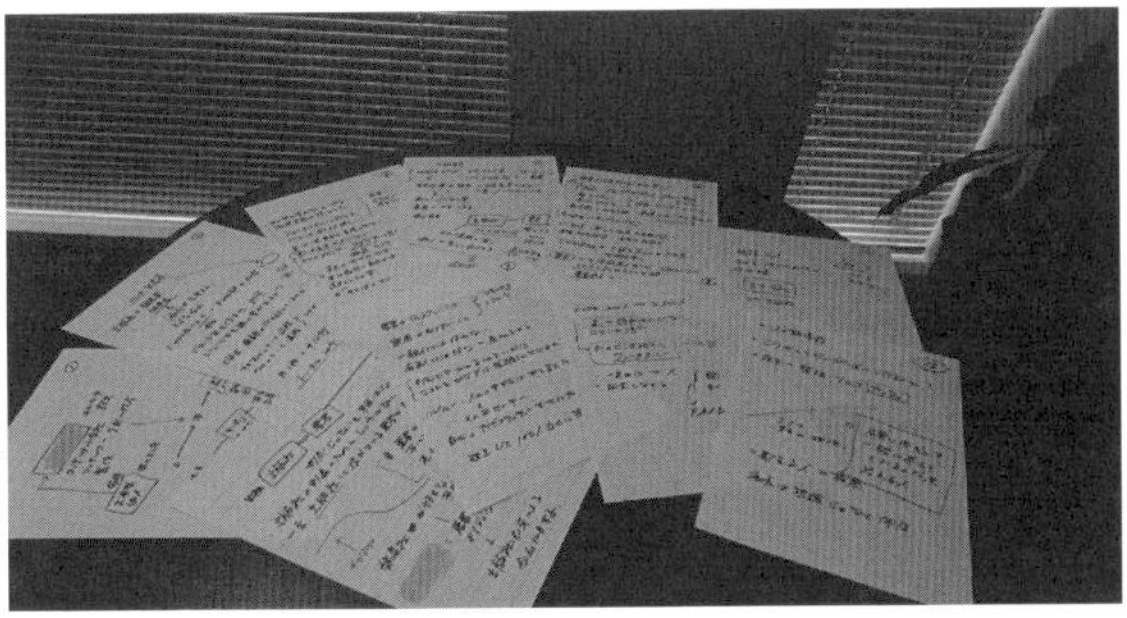

出版エージェント・ヒアリングシート

ヒヤリングしたことを経営者の目の前で、レポート用紙にサインペンで書いて、内容に間違いがないか、確認しながらすすめていきます。

## 介護事業所面談シート

【代表経歴及び設立経緯】
197××年△月□日生：地元○○市出身
○○中学校～△□高校～××大学卒
卒業後（株）◇◇◇：地元○○のハーブガーデンにてレストランの接客勤務
その後このままでいいのかと自問自答し1年で退職
元々手先が器用だったこともあり◇△医療福祉専門学校にて作業療法士の資格取得を目指す（23歳）（作業療法士：手芸や陶芸を通して治療する仕事）

27歳にて作業療法士の資格取得し卒業後○○総合病院にてリハビリテーション科にて勤務
29歳△×医院（△□市××区の個人病院）にて勤務
当院で人が少ない小さな病院で患者さんやスタッフさんから必要とされる実感を得る

△□市ではリハビリを伴うデイサービスは当たり前に存在するが、地元○○ではリハビリのないデイサービスがほとんどであることに着目（△□市との市場の違い）

リハビリを受けるべき地元のお年寄りが受けられない状況があり、作業療法士ならではの質の高いリハビリサービスを提供できることに勝機を見出し、独立を決意

2011年（36歳）○△□◎リハビリサービス（株）設立に至る

【経営理念】
「病院を退院した後の在宅生活を楽しく元気に過ごしてもらうために当社は存在する」

<個人的な願望>
・役員報酬合計××××万円（老後の安心のため）
・平日の休暇（都内の研修などに参加したい）
・事前確定届出給与（役員賞与△△△万円×2人）

<会社として>
・資金繰りを安定させたい
・障害者関連事業（未成熟分野）：アクティブ・生活介護　現在までの実績経験を応用

<従業員について>
・この会社にきてよかったと言われる運営
・キーマン××さん

【今後の事業展開】
弊社の強み=質の高いリハビリサービス
※質の高いリハビリとは理学療法士を活用した他地域にないきめ細かいリハビリサービス

弊社の強みを生かし
「○○市及び周辺四市にお住いの高齢者が弊社に来ればリハビリサービスに困らない地域にする」(20XX 年まで)

「どこに行ってもリハビリサービスが利用しやすい地域を目指す」

<今後取り入れたい事業>
・生活介護～障害者就労支援へ　　障害者の雇用確保のため

【上記のために求める人物像】
①「利用者さんの喜びを自分の喜びと感じられる人」
②「一人一人が経営感覚を持って考えるようになってほしい」

ヒヤリングしたレポート内容を、まずはワード文書にて整理します。

## 太陽光エネルギー会社面談シート

<経緯>
当社代表○○氏は、人をまとめる仕事、大きなプロジェクトをしたいという動機から、商社である△△株式会社を志望。テント倉庫・システム建築の部署にて10年間勤務。その後独立するにあたり、当時の上司からのアドバイスと太陽光発電業界の今後の成長性と○○（株）との取引も継続できるメリットも考慮し太陽光発電事業参入を決意。実兄が経営していた株式会社△△△に太陽光発電事業部を設立。同事業部が軌道にのったこともあり、太陽光発電の専門会社◇◇◇を設立した。

しかしながら、当時取引先であったA社の資本を受けた後、実質的な経営権・決済権を奪われ、A社との関係は円満ながらもやむをえず社長を退任いたしました。

その後、20××年×月、設計・調達・施工を一貫して行ういわゆるEPCの先発組みとして新たに○○エネルギー株式会社設立に至った。

<業界の動向>
先般、ニューヨーク国連本部で開かれた「気候サミット」がメディアにも取り上げられているように地球温暖化に対する意識は、日本でも高まりつつあります。しかしながら、日本国民がどこまで真剣に向き合っているかははなはだ疑問であるのが実状ではないだろうか。

「気候サミット」では、36年後、2050年9月23日の天気を予報。NHKキャスター井田寛子さんが「お彼岸になっても、仙台・東京・名古屋で厳しい暑さが収まらず、熱波の影響で京都の紅葉の見ごろがクリスマスになる」と予報。

フィリピンのテレビ局も「最大級の台風が上陸し、沿岸部に大洪水をもたらす」

ベルギーのテレビ局は「12月でも雨が降りやすくホワイトクリスマスにならない」と予報。

これらは仮定にすぎないが、温暖化が続くと生活にどう影響するか、説得力をもって上映されました。

日本の二酸化炭素排出量は、中国・アメリカ・インド・ロシアについで世界5番目であることを考えると、全国民がもっと意識を高めてもよい業界であると容易に推測できます。

下記、地球温暖化に伴う問題を列記いたしました。
[ 水の問題 ]
・海面の上昇（国土が海に沈んでしまい移住せざるをえない状況が考えられる）
・生活用水の減少
・洪水（氷河湖の決壊によるものなど）
・災害の増加（異常気象）
[ 自然への影響 ]
・ホッキョククマなど絶滅の危機に瀕している野生動物は226種類
・生態系の変化
・森林火災の増加
・湿地の自然減少
[ 暮らしへの影響 ]
・農業への打撃（生産性が下がり物価が上昇）
・病気や飢餓の恐れ

また、米国海洋大局によると、直近10年間の調査で気温が高い月の労働力は10%減少している記録があり
論文によると農業従事者・建設作業員・兵士といった屋外労働者の労働能力が2050年には20%低下する可能性があるとしております。
以上を考慮すると、事象の重大さと国民意識や取り組みとのギャップはあるものの、当社の事業の目的・意義は、①従業員の物心両面の幸福の追求、②社会への進歩・進展への貢献　であり社会貢献をになっている当社の存在価値は極めて高く、また、当社ではその提案を行う営業マンをはじめとした社員を日本・世界の未来を左右する誇るべき人材と位置付けております。

<今後の業界について>
現在、太陽光発電事業は国の政策の一環としての設置メリットはあるものの、その政策は今後１～２年で終了すると推測されます。そうなると、設置するメリットがなくなり需要がへる=売上げが減ることも推測されます。

大局的にみて、当社代表は現存する太陽光発電事業を営む企業の90%がなくなるものと予想。そのような中で他社は滅びていくものの、当社は拡大していく計画でありその独自性は企業秘密である。


平成○○年○月期の売り上げは×億。翌期○○億。翌々期○○億を見込む。

背景としては、日本全国を見て太陽光発電を設置できる土地が限りなく広大にあることがあげられます。

ではなぜ、このように当社は拡大していくのか…。（秘密）

また、××最大手ABCHDの出資をうけていることも当社の強みの一つであります。仕入れのメイン先であり、支払条件の融通もきくことから資金ショートの懸念がありません。

<設置するお客様のメリット>
・経済効果や環境効果、グリーン投資減税などのメリットはあるものの、設置する本来の意義は地球温暖化に対する社会貢献であり、遊休資産を未来の環境のために有効活用していただく大切な意味がございます。

<ポイント>
・世界、日本がかかえている問題の深刻さ、対策の必要性の認知、訴え
・太陽光発電事業の業界の今後の動向
・業界の動向の中で、御社の強みと独自性、他社との違いの明確化
・先般の報道であったように太陽光発電の買い取り価格引き下げ?について

<お客様へ>
・経済効果や環境効果のメリットとともに、遊休資産がどれだけ世界や日本のためになっているかの公共性

<個人的な見解>
いま、熱中症で命を落とす高齢者が少なくなく、このまま温暖化を放置すれば、我々が高齢者になった時に熱中症で命を落とす人間がどれだけ多くなるか。私だけでなく配偶者にもこのようなつらい思いをさせてよいのだろうか。また、子供が外で遊ぶ時間が制限されることも予想され、未来の子供たちに安心して外で遊べる環境をつくってあげられるのは今の大人たちだけである。このように一人一人が今以上に関心をもって考えていくことが重要なのではないだろうか。

# 太陽光エネルギー会社・工事現場システム開発会社面談シート

## 面談シート　・ ○○社　○○様

SAMPLE

**1. 人生の流れ（現在～過去～現在～未来）**

○○年　○○大学卒

●●(株)入社(○年～○年)

建設機械のアタッチメント製造メーカー

建設機械(ブルドーザーやクレーン)は生活基盤にかかせない機材。機材のほうから人の役に立てる仕事がしたい

○○機械(株)に転職(○年～○年)

○○グループの建設機械商社

技術職として、海外を含め大手商社が扱う多岐に渡る建設機械に魅力を感じた

輸入建機の技術サポート、オリジナル商品開発

(株)○○入社に転職(○年～○年)

トンネル向けICTシステムのベンチャー

○○在職中に知り合った○○の社長と専務よりオファーがあり転職を決意。

新商品開発や新規顧客開拓を主に行う。

○○年　株式会社○○を設立

**2. 設立経緯**

当時勤務していた(株)○○は、○○年に、取扱商品をトンネル工事向けのみに集約。トンネル向け以外の商品から撤退することとなった。

この撤退する部門(ダムや高速道路などの土木工事)を統括していた代表(○○氏)は、今後の将来性を考慮し、トンネル向け以外の事業部門をそのまま引き取り○○年に独立を決意した。

**3. 扱っているサービス、モノ**

ダムや高速道路などの土木工事で使用する様々なICTシステムの開発・提供

**4. そのモノが最終的に誰に使われていてその人たちがどのような恩恵や幸せにつながっていのか**

建設業界は労務集約型の産業であり危険と背中合わせ。

○○社は、ICTを用いて労働環境の改善や危険作業の削減、建設コストの削減に寄与するシステムを開発、提供。

**5. 存在意義（社会的公共性）**

建設業界は国民が生活をするには欠かせない事業。

昨今の震災被害などから、防災を含め、より重要度が大きくなっていく業界。

○○社は、この建設業界に対してICTを用いて労働環境の改善、危険作業の削減、建設コストの削減に寄与するシステムを開発、提供していくために存在する。

**6. 競合他社とその違い**

大手ICTシステム会社が競合。

しかし、大手はシステム変更の対応が柔軟にできないため、変更がああった場合再契約となり、時間と費用がかかる。

**7. 同業や大手がいるのになぜ社長の商品を選ぶのか（強み・差別化のポイント）**

○○社は、現場の状況を見てから開発、状況ごとにシステム変更を行い、最善の製品で契約。

大手に比べ時間、費用ともに効率的。

大手の研究開発費の比率は低いため、 ○○社のような対応は困難。

**8. 事業継続にあたってのリスクと対処法**

**9. 最大のピンチと乗り切り方とその時の心境**



## 面談シート　○○エネルギー社　○○様

SAMPLE

**1. 人生の流れ（現在～過去～現在～未来）**

新卒で○○株式会社に入社

人をまとめる仕事、大きなプロジェクトに参加したい

テント倉庫・システム建築(10年)

当時の上司からのアドバイスと、太陽光発電業界の今後の成長性と、○○(株)との取引も継続できるメリットも考慮し、太陽光発電事業参入を決意。

○○年　実兄が経営していた株式会社○○に太陽光発電事業部を設立。

○○年　事業部が軌道にのり、太陽光発電の専門会社●●を設立。

○○年　当時取引先であった△△の資本を受けた後、実質的な経営権・決済権を奪われる。△△との関係は円満ながらもやむをえず代表を退任。

○○年○月

設計・調達・施工を一貫して行う、いわゆるEPCの先発組みとして新たに○○株式会社を設立。

**2. 設立経緯**

このまま温暖化を放置すれば、熱中症で命を落とす人間がどれだけ多くなるか。

子供が外で遊ぶ時間が制限されることも予想され、未来の子供たちに安心して外で遊べる環境をつくってあげられるのは今の大人たちだけである。

このように一人一人が今以上に関心をもって考えていくことが重要なのではないだろうか。

**3. 扱っているサービス、モノ**

太陽光発電事業

**4. そのモノが最終的に誰に使われていてその人たちがどのような恩恵や幸せにつながっていのか**

経済効果や環境効果のメリットとともに、遊休資産がどれだけ世界や日本のためになっているかの公共性。

地球温暖化に対する社会貢献であり、遊休資産を未来の環境のために有効活用していただく意味がある。

**5. 存在意義（社会的公共性）**

○○エネルギーの事業の目的・意義は、

①従業員の物心両面の幸福の追求
②社会への進歩・進展への貢献

社会貢献をになっている当社の存在価値は極めて高い。

また、その提案を行う営業マンをはじめとした社員を日本・世界の未来を左右する誇るべき人材と位置付けている

**6. 競合他社とその違い**

大局的にみて、当社代表は現存する太陽光発電事業を営む企業の90%がなくなる(予想)。

他社は滅びていくものの、当社は拡大していく計画。

独自性は企業秘密。

**7. 同業や大手がいるのになぜ社長の商品を選ぶのか（強み・差別化のポイント）**

企業秘密。

**8. 事業継続にあたってのリスクと対処法**

**9. 最大のピンチと乗り切り方とその時の心境**

## 面談シートブランク

面談シート　・　○○社　○○様　SAMPLE

| | | |
|---|---|---|
| 1. 人生の流れ（現在～過去～現在～未来） | 2. 設立経緯 | 3. 扱っているサービス、モノ |
| | 4. そのモノが最終的に誰に使われていてその人たちがどのような恩恵や幸せにつながっていのか | 5. 存在意義（社会的公共性） |
| | 6. 競合他社とその違い | 7. 同業や大手がいるのになぜ社長の商品を選ぶのか（強み・差別化のポイント） |
| | 8. 事業継続にあたってのリスクと対処法 | 9. 最大のピンチと乗り切り方とその時の心境 |



面談シート　Sエネルギー社　○○様　SAMPLE

| | | |
|---|---|---|
| 1. 人生の流れ（現在～過去～現在～未来） | 2. 設立経緯 | 3. 扱っているサービス、モノ |
| | 4. そのモノが最終的に誰に使われていてその人たちがどのような恩恵や幸せにつながっていのか | 5. 存在意義（社会的公共性） |
| | 6. 競合他社とその違い | 7. 同業や大手がいるのになぜ社長の商品を選ぶのか（強み・差別化のポイント） |
| | 8. 事業継続にあたってのリスクと対処法 | 9. 最大のピンチと乗り切り方とその時の心境 |

## ◯「事業計画書」を従業員の定着率アップと採用に活用

ヒアリングシートは、事業計画書や融資申請書を作る大本となる大切なものですが、書き方によっては金融機関へ提出する以外にも使うこともできます。

私が保険営業をしていた時からのお客様で、私の独立に伴って顧問契約に移行された介護事業所の経営者さんがいます。

契約当初のこの経営者の悩みは、従業員の離職率の高さでした。そのため、従業員用と、従業員を採用する時の面接用に、会社をアピールできる事業計画書を作ることになりました。従業員たちに、会社の目指す姿や経営者の初心、経営理念などが書かれた事業計画書を折に触れて見てもらうようにすることで、かつて自分がこの会社で働こうと思った時に共感した経営者の思いに触れ、サービスの質を保つよりどころにしてもらおうと考えたのです。

また、ホームページの人材募集ページにも同じものを掲載し、事業所での仕事に興味を持つ人たちに広く見てもらえるようにもしました。これによって、応募してくる人の志がまったくの方向違いであるケースが格段に減りました。

さらに、面接時には、その事業計画書をもとに採用希望者へ説明するようにしたところ、思いを同じくする人たちが入社してくるようになったことに加えて、入社後にあらためて意思疎通を図る手間が省け、離職者が減ったと経営者に喜ばれています。

# 介護事業所従業員向け事業計画書

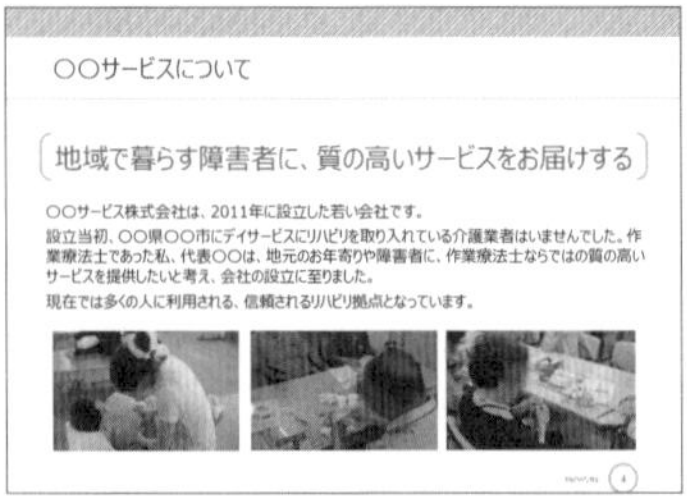

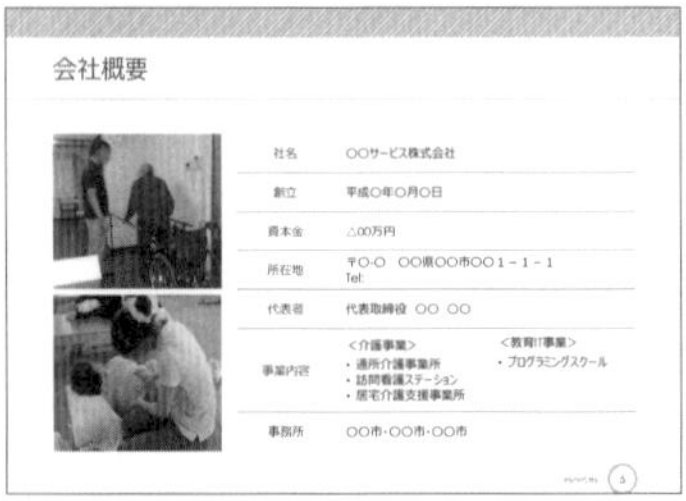


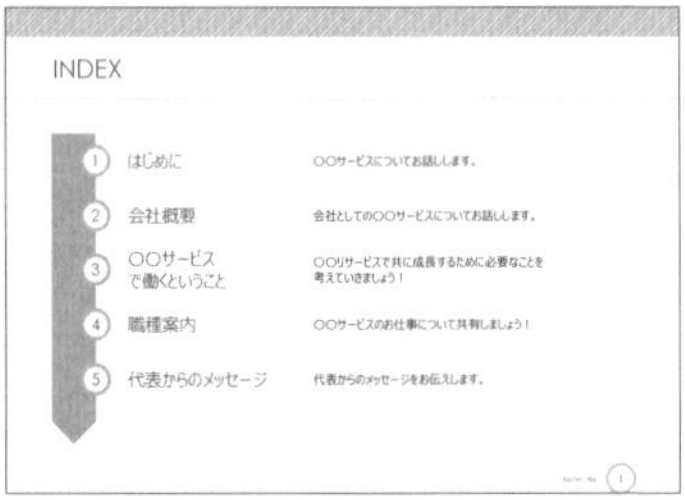


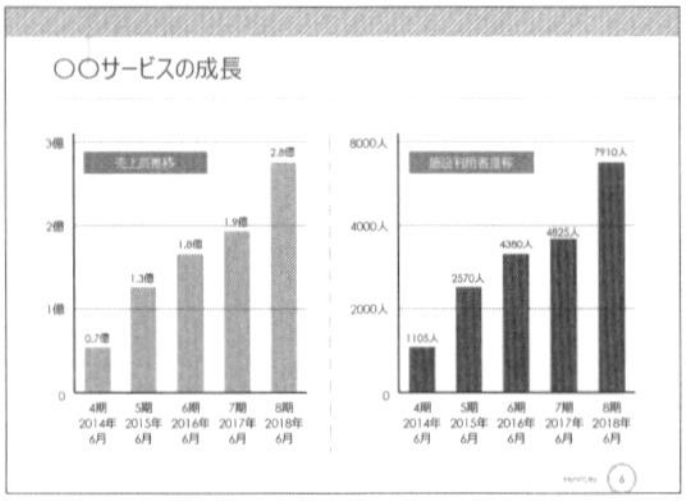


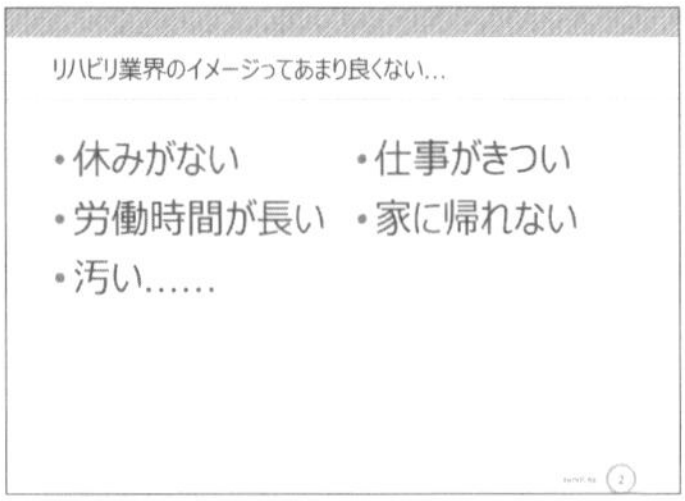

| | | 利用者数 1日 | 利用者数 1か月 | 売上 単価 | 2月稼働19日 月額収入 | 利用者数 1日 | 利用者数 1か月 | 売上 単価 | 通常稼働21日 月額収入 |
|---|---|---|---|---|---|---|---|---|---|
| ○○市 | デイサービス | 41人 | 787人 | 8,000円 | 630万円 | 41人 | 860人 | 8,000円 | 688万円 |
| | 訪問看護 | 41人 | 787人 | 8,000円 | 630万円 | 41人 | 860人 | 8,000円 | 688万円 |
| | ケアマネ | | | | 100万円 | | | | 100万円 |
| ○○市 | デイサービス | 11人 | 211人 | 9,000円 | 190万円 | 11人 | 222人 | 9,000円 | 200万円 |
| ○○市 | デイサービス | 13人 | 240人 | 5,000円 | 120万円 | 42人 | 880人 | 5,000円 | 440万円 |
| △部門 | 障害者 | | | | 60万円 | | | | 60万円 |
| □部門 | | | | 7,500円 | 10万円 | 15人 | 320人 | 7,500円 | 240万円 |
| | | 合計 | | | 1,740万円 | 合計 | | | 2,400万円 |

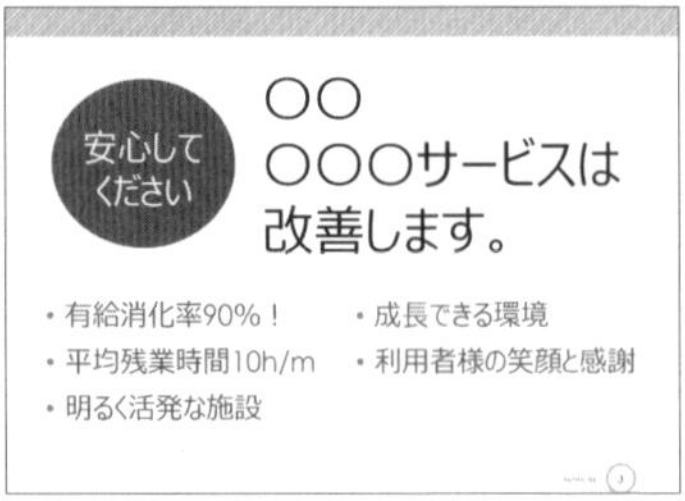

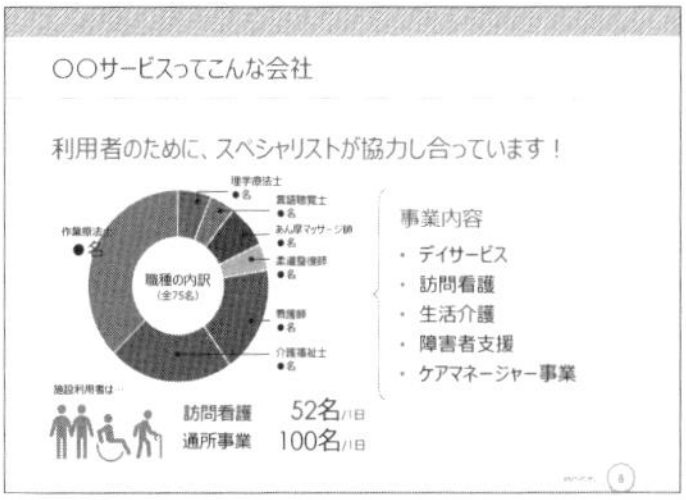
○○サービスってこんな会社
利用者のために、スペシャリストが協力し合っています！
理学療法士 ●名
言語聴覚士 ●名
あん摩マッサージ師 ●名
柔道整復師 ●名
看護師 ●名
介護福祉士 ●名
作業療法士 ●名
職種の内訳 (全75名)
事業内容
・デイサービス
・訪問看護
・生活介護
・障害者支援
・ケアマネージャー事業
施設利用者は…
訪問看護 52名/1日
通所事業 100名/1日
8

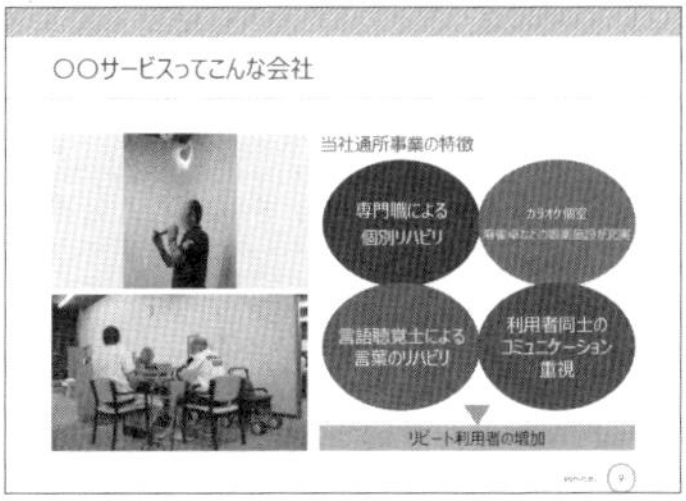
○○サービスってこんな会社
当社通所事業の特徴
専門職による個別リハビリ
カラオケ個室
言語聴覚士による言葉のリハビリ
利用者同士のコミュニケーション重視
リピート利用者の増加
9

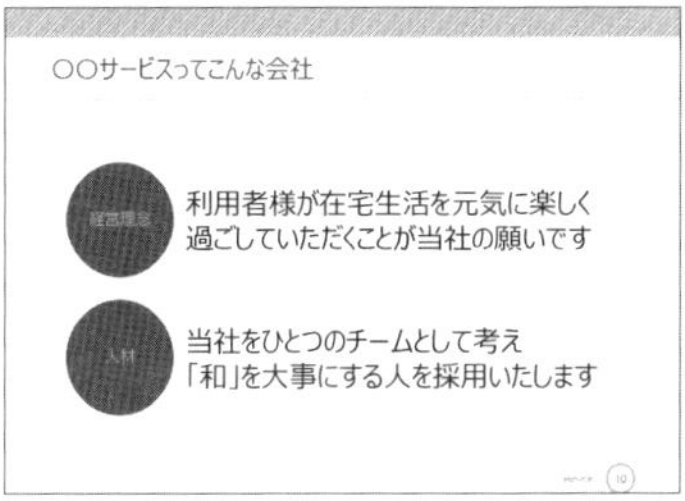
○○サービスってこんな会社
経営理念
利用者様が在宅生活を元気に楽しく
過ごしていただくことが当社の願いです
人材
当社をひとつのチームとして考え
「和」を大事にする人を採用いたします
10

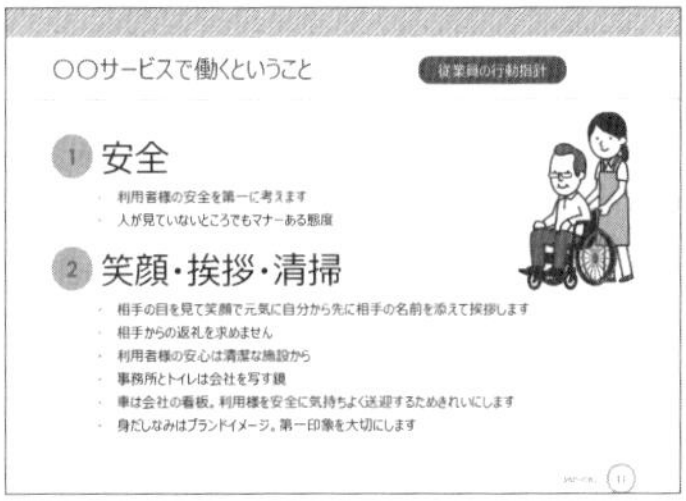
○○サービスで働くということ
従業員の行動指針
1 安全
・利用者様の安全を第一に考えます
・人が見ていないところでもマナーある態度
2 笑顔・挨拶・清掃
・相手の目を見て笑顔で元気に自分から先に相手の名前を添えて挨拶します
・相手からの返礼を求めません
・利用者様の安心は清潔な施設から
・事務所とトイレは会社を写す鏡
・車は会社の看板。利用様を安全に気持ちよく送迎するためきれいにします
・身だしなみはブランドイメージ。第一印象を大切にします
11

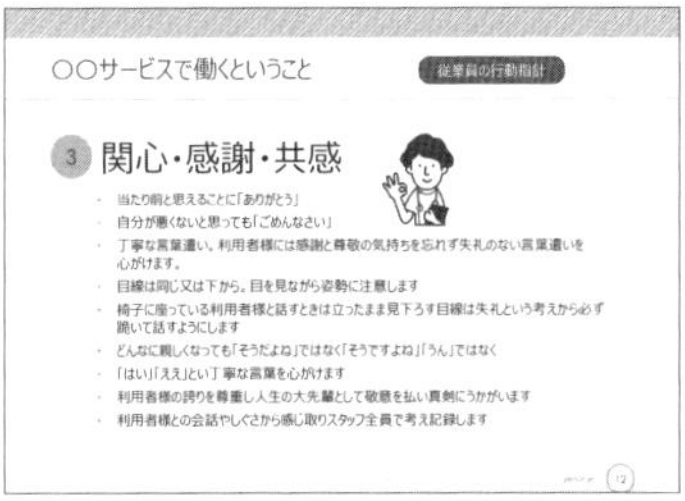
○○サービスで働くということ
従業員の行動指針
3 関心・感謝・共感
・当たり前と思えることに「ありがとう」
・自分が悪くないと思っても「ごめんなさい」
・丁寧な言葉遣い。利用者様には感謝と尊敬の気持ちを忘れず失礼のない言葉遣いを心がけます。
・目線は同じ又は下から。目を見ながら姿勢に注意します
・椅子に座っている利用者様と話すときは立ったまま見下ろす目線は失礼という考えから必ず跪いて話すようにします
・どんなに親しくなっても「そうだよね」ではなく「そうですよね」「うん」ではなく
・「はい」「ええ」とい丁寧な言葉を心がけます
・利用者様の誇りを尊重し人生の大先輩として敬意を払い真剣にうかがいます
・利用者様との会話やしぐさから感じ取りスタッフ全員で考え記録します
12

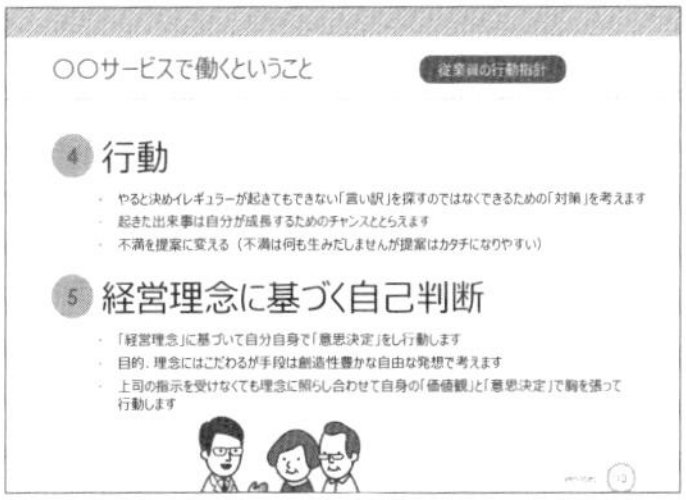
○○サービスで働くということ
従業員の行動指針
4 行動
・やると決めイレギュラーが起きてもできない「言い訳」を探すのではなくできるための「対策」を考えます
・起きた出来事は自分が成長するためのチャンスととらえます
・不満を提案に変える（不満は何も生みだしませんが提案はカタチになりやすい）
5 経営理念に基づく自己判断
・「経営理念」に基づいて自分自身で「意思決定」をし行動します
・目的、理念にはこだわるが手段は創造性豊かな自由な発想で考えます
・上司の指示を受けなくても理念に照らし合わせて自身の「価値観」と「意思決定」で胸を張って行動します
13

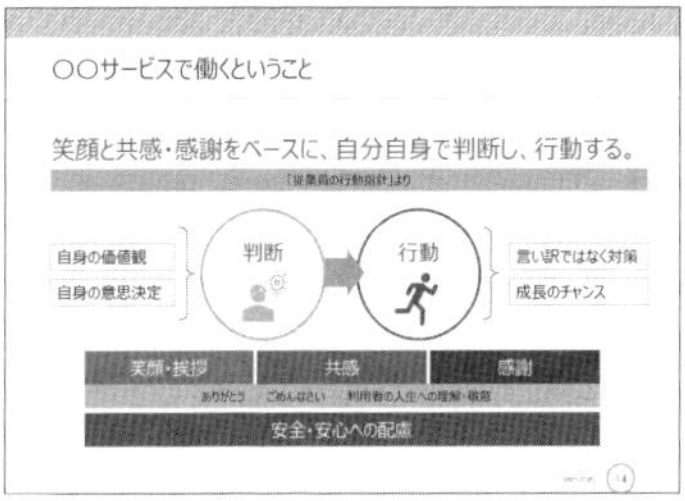
○○サービスで働くということ
笑顔と共感・感謝をベースに、自分自身で判断し、行動する。
「従業員の行動指針」より
自身の価値観
自身の意思決定
判断
行動
言い訳ではなく対策
成長のチャンス
笑顔・挨拶
共感
感謝
ありがとう　ごめんなさい　利用者の人生への理解・敬意
安全・安心への配慮
14

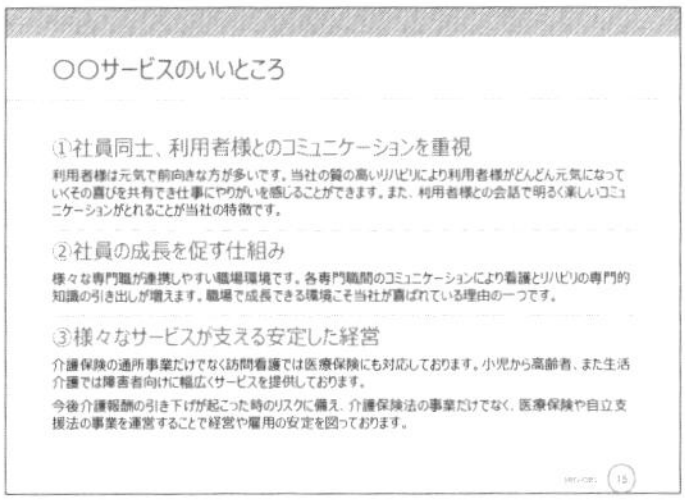
○○サービスのいいところ
①社員同士、利用者様とのコミュニケーションを重視
利用者様は元気で前向きな方が多いです。当社の質の高いリハビリにより利用者様がどんどん元気になっていくその喜びを共有でき仕事にやりがいを感じることができます。また、利用者様との会話で明るく楽しいコミュニケーションがとれることが当社の特徴です。
②社員の成長を促す仕組み
様々な専門職が連携しやすい職場環境です。各専門職間のコミュニケーションにより看護とリハビリの専門的知識の引き出しが増えます。職場で成長できる環境こそ当社が喜ばれている理由の一つです。
③様々なサービスが支える安定した経営
介護保険の通所事業だけでなく訪問看護では医療保険にも対応しております。小児から高齢者、また生活介護では障害者向けに幅広くサービスを提供しております。

今後介護報酬の引き下げが起こった時のリスクに備え、介護保険法の事業だけでなく、医療保険や自立支援法の事業を運営することで経営や雇用の安定を図っております。

15

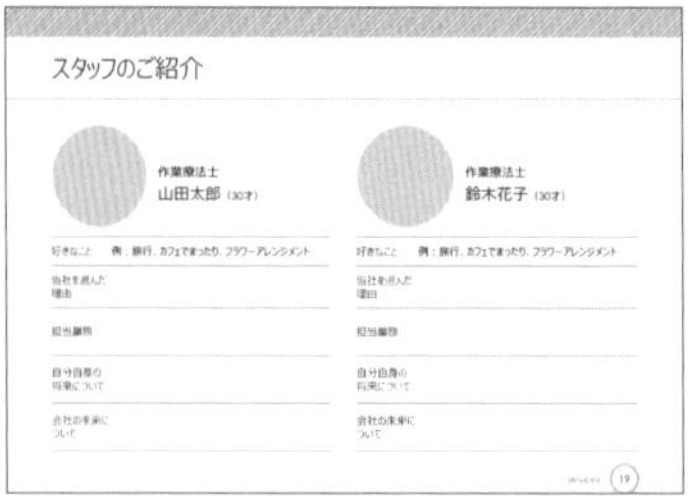

スタッフのご紹介
作業療法士
山田太郎（30才）
作業療法士
鈴木花子（30才）
好きなこと　例：旅行、カフェでまったり、フラワーアレンジメント
当社を選んだ理由
担当業務
自分自身の将来について
会社の未来について
19

職種紹介
①作業療法士
②言語聴覚士
③介護士
④あん摩マッサージ師
求める人物像、将来性など
14


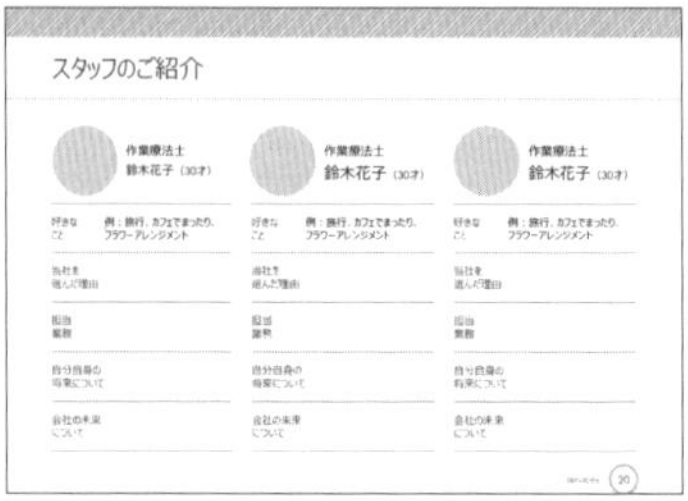

スタッフのご紹介
作業療法士
鈴木花子（30才）
好きなこと　例：旅行、カフェでまったり、フラワーアレンジメント
当社を選んだ理由
担当業務
自分自身の将来について
会社の未来について
20


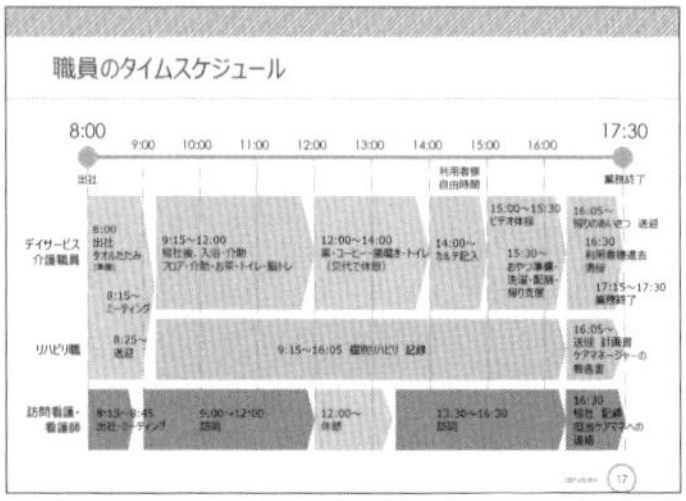

職員のタイムスケジュール
8:00
9:00
10:00
11:00
12:00
13:00
14:00
15:00
16:00
17:30
出社
利用者様自由時間
業務終了
デイサービス介護職員
リハビリ職
訪問看護・看護師
9:15~12:00
12:00~14:00
14:00~ カルテ記入
15:00~15:30 ビデオ体操
16:05~
16:30
17:15~17:30
8:15~ ミーティング
8:25~ 送迎
9:15~16:05
16:05~
9:00~12:00 訪問
12:00~ 休憩
13:30~16:30 訪問
16:30
17


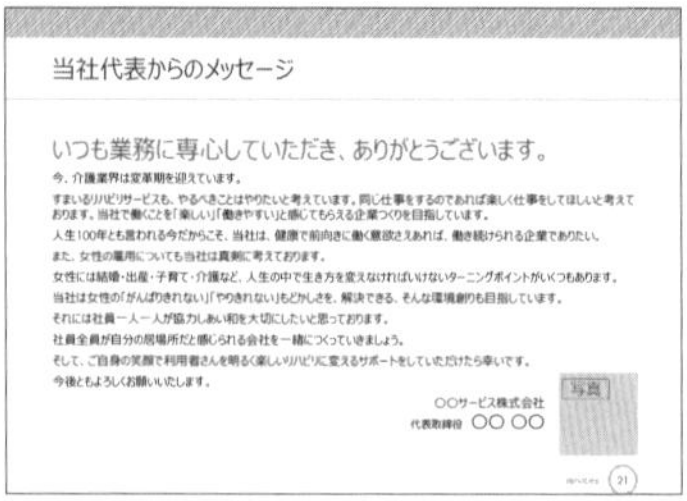

当社代表からのメッセージ
いつも業務に専心していただき、ありがとうございます。

今、介護業界は変革期を迎えています。

すまいるリハビリサービスも、やるべきことはやりたいと考えています。同じ仕事をするのであれば楽しく仕事をしてほしいと考えております。当社で働くことを「楽しい」「働きやすい」と感じてもらえる企業つくりを目指しています。

人生100年とも言われる今だからこそ、当社は、健康で前向きに働く意欲さえあれば、働き続けられる企業でありたい。

また、女性の雇用についても当社は真剣に考えております。

女性には結婚・出産・子育て・介護など、人生の中で生き方を変えなければいけないターニングポイントがいくつもあります。

当社は女性の「がんばりきれない」「やりきれない」もどかしさを、解決できる、そんな環境創りも目指しています。

それには社員一人一人が協力しあい和を大切にしたいと思っております。

社員全員が自分の居場所だと感じられる会社を一緒につくっていきましょう。

そして、ご自身の笑顔で利用者さんを明るく楽しいリハビリに変えるサポートをしていただけたら幸いです。

今後ともよろしくお願いいたします。

写真
○○サービス株式会社
代表取締役　○○ ○○
21


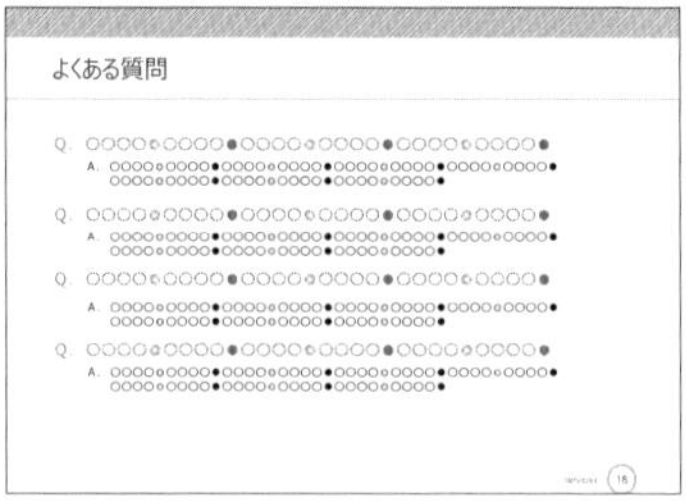

よくある質問
Q.
A.
18

## ◯オリジナル資金繰り表で物件購入→資金難を回避

私の作る書類の中には、長年の経験で培った独自の視点で作ったオリジナルシートがいくつかあります。中でも資金繰り表は、一般的なものと違って各銀行別、項目別になっているので、今月、何にいくら使ったかなどの、お金の流れがわかりやすく、見やすいのが特徴です。これは銀行に提出するものではなく、経営者との打ち合わせに使用するものなのですが、このオリジナル資金繰り表が役に立った例として、こんなことがありました。

この介護事業の経営者は、当時デイサービスと訪問看護事業を中心に運営されていました。ある時、その経営者から、

「近隣の住宅型有料老人ホームが売りに出ているらしく、買ってくれないかと打診があって前向きに検討したいんですが、どうだろう？」

と相談がありました。

今やっているデイサービスと訪問看護事業に入居型サービスを加えると、地域の利用者さんを、元気な時からひとりで暮らせなくなった時までトータルでケアすることができますし、ワンストップで利用者さんにサービスを提供できることになるので、ぜひ買いたいというこ

とでした。

毎月作成している資金繰り表を基にあらためて精査してみたところ、今、融資を受けて物件を購入するには時期尚早と判断するに至り、見送りました。

なぜならば、ここ2年の間に事業拡大のために店舗やサービスを拡充したものの、その事業がまだ軌道にのっていない＝毎月の現金収支がマイナスでした。

この状況で、新たに物件を購入し、万が一購入した物件が計画通りに軌道に乗らない場合の資金繰りのリスクを考えると、今ある事業を軌道に乗せることが先決で、新たな物件は時期尚早という決断に至りました。毎月資金繰り表を作成し、それをもとに判断をしたため、迷いなく決断することができたようです。

この経営者さんには、「まずは本業を万全にしましょう」と話し、毎月訪問してサポートを続けることで現在は改善傾向を維持しています。

【住宅型有料老人ホーム「××荘」購入資金について】
<資金計画>
資金使途：有料老人ホーム「××荘」購入資金 50,000 千円　＋　諸費用 5,000 千円
融資金額：55,000 千円
期　　間：20 年

<経　　緯>
「××荘」を経営している現在のオーナーが当事業を売却したいとのこと。

物件（○○市△△区）近隣で介護事業を運営している当社の評判を聞き直接売却の打診をいただきました

<物件概要>
住　　　所：○○市△△区1−2−3
構　　　造：鉄筋コンクリート 5 階建て
戸　　　数：15 戸
定　　　員：17 名
土地 面積：110 坪（330㎡）
路 線 価：×× ,000 円 /1㎡
基本利用料：月額 15 万円（家賃、3 食込み）※新入居者から
現在の家賃は 100,000 円
売主希望価格：50,000 千円

<購入することによる当社のメリット>
当社は現在○○市及び周辺四市にて通所型（デイサービス）、訪問型看護事業を中心に運営しております。今回、当物件を購入することにより入居型サービスが加わることになります。

通常、利用者さんのライフステージの流れは下記の通りです
・まず元気な時、外出できるステージでは通所型（デイサービス）を利用
・家から出られなくなってくると訪問型看護へ移行　　当社の既存サービス
・さらに一人で暮らせなくなってくると入居型へ移行
となります ⇒ 今回購入することにより追加されるサービス
入居型サービスを追加することにより、当社の利用者さんがワンストップで全てのサービスを受けられることになります。
ライフステージの変化によって利用者さんが他社へ流れることがなくなり、一人の利用者さんを囲い込むことができます。

また、事業上のシナジー効果も期待できます。

今回購入する物件の入居者には、必要に応じて通所（デイサービス）を利用させることもできる。また、訪問看護利用者が動けなくなった時に入居型へ移行させることが可能となり、介護報酬の単価が上がります。

<物件デメリット>
物件築年数が古いこと。
しかしながら、古い物件だからこそできる家賃設定は「地域最安値」という強みにできる。

比較的築年数の新しい近隣月額利用料は20万円前後であるが、本物件の利用料金までさげるのは収支上不可能。また新規に参入してくる同業者も同様であり、築年数が古いから可能となる家賃設定である（当物件は生活保護を受けている利用者が対象）。

例：近隣老人ホーム家賃設定
- 花丸の里◇△苑　入居一時金　200,000円
  月額利用料　160,000円
- サ高住□□ハウス　入居一時金　300,000円
  月額利用料　170,000円
- サ高住△×ハウス　入居一時金　200,000円
  月額利用料　160,000円

当社の事業目的「地域で暮らす障害者等が全てのライフステージで当社のサービスを利用できる環境をつくる」に合致した物件であり今回購入するに至りました。

<月額収支>

| | | 現在 | | 入居者入替後 |
|---|---|---|---|---|
| 収入 | 利用者単価 | 95,000 | 95,000 | 120,000 |
| | 入居者数 | 14人 | 15人 | 15人 |
| | 利用料合計 | 1,330,000 | 1,425,000 | 1,800,000 |
| 支出 | 食費（1日当たり一人） | 1,200 | 1,201 | 1,202 |
| | 食費合計 | 504,000 | 540,450 | 540,900 |
| | 水道光熱費 | 200,000 | 200,000 | 200,000 |
| | 夜勤職員（社保含む） | 220,000 | 220,000 | 220,000 |
| | 日勤職員（社保含む） | 190,000 | 190,000 | 190,000 |
| | 支出合計 | 1,114,000 | 11,500,450 | 1,150,900 |
| 月額収支 | | 216,000 | 274,550 | 649,100 |
| 銀行返済 | | 183,000 | 183,000 | 183,000 |
| 余剰金 | | 33,000 | 91,550 | 466,100 |

# 介護事業所オリジナル資金繰り表① 2018-11～2019-06

| | | | | | | | | | | |
|---|---|---|---|---|---|---|---|---|---|---|
| 前月繰越残高 | | | 36,379,807 | 31,365,813 | 36,447,640 | 28,609,515 | 20,444,509 | 17,921,144 | 21,726,698 | 11,086,437 |
| 項目 | | | 11月 | 12月 | 1月 | 2月 | 3月 | 4月 | 5月 | 6月 |
| 収入 | | A銀行【通帳A】 | 3,939,703 | 5,289,641 | 7,774,318 | 7,188,423 | 6,416,813 | 6,921,115 | ¥7,620,640 | |
| | | A銀行【通帳B】 | 14,455,406 | 9,864,075 | 10,695,717 | 10,839,436 | 9,815,695 | 10,997,298 | 10,180,330 | |
| | | A銀行【通帳C】 | | 126,828 | 68,494 | 59,494 | 57,698 | 50,397 | 516,131 | |
| | | A銀行【通帳D】 | 945,921 | 1,000,328 | 1,035,134 | 1,035,205 | 1,026,177 | 1,398,352 | 1,654,207 | |
| | | B銀行 | 50,902 | 536,774 | 713,565 | 954,056 | 1,200,937 | 1,398,352 | 2,097,051 | |
| | | C銀行 | | | | | 57,698 | | | |
| 収入合計 | | | 19,391,932 | 16,817,646 | 20,287,228 | 20,076,614 | 18,575,018 | 20,765,514 | 22,068,359 | 0 |
| 支出 | 【通帳A】 | リコーリース | 46,743 | 46,743 | 46,743 | 299,678 | 49,572 | 34,668 | 38,037 | |
| | | IB手数料 | 5,400 | 5,400 | 5,400 | | 5,400 | 5,400 | 5,400 | |
| | | トヨタF | 171,182 | 238,519 | 225,251 | 174,701 | 228,038 | 222,211 | 283,178 | |
| | | ソフトBK | 80,696 | 80,414 | 80,350 | 80,641 | 80,600 | 88,245 | 89,808 | |
| | | アスクル | 58,962 | 51,367 | 34,733 | 57,370 | 47,739 | | 61,621 | |
| | | 駐車場 | 44,000 | 44,000 | 44,000 | | 44,000 | | | |
| | | その他(現金給与等) | 540 | 1,080 | 540 | 5,940 | 92,880 | | 1,106,600 | |
| | | 小口現金他 | 100,000 | 138,720 | 100,000 | 244,000 | | 100,000 | | |
| | 【通帳B】 | 給料 | 11,313,614 | 12,256,431 | 11,168,306 | 11,593,150 | 11,324,611 | 10,608,189 | 12,193,952 | |
| | | 社保 | 3,311,917 | | 3,305,907 | 7,342,588 | 278,600 | | 7,113,307 | |
| | | 労働保険 | 5,250 | | 447,468 | | | | | |
| | | トヨタF | 204,780 | 204,780 | 264,577 | 258,991 | 258,991 | | 258,991 | |
| | | リコーリース | 256,608 | 264,816 | 301,536 | 393,768 | 338,472 | | 361,260 | |
| | | まるきょう弁当 | 368,064 | 370,224 | 321,840 | 458,146 | 398,033 | 424,569 | 424,569 | |
| | | 社労士① | 86,400 | 173,160 | 180,360 | 162,000 | 147,960 | 133,920 | 231,120 | |
| | | カラオケ | 10,800 | 10,800 | 10,800 | 10,800 | 10,800 | 10,800 | 10,800 | |
| | | セコム | 10,800 | 10,800 | 43,200 | 10,800 | 193,616 | 43,200 | 43,200 | |
| | | 損保 | 273,970 | 222,050 | 233,470 | 233,470 | 409,430 | 245,830 | 254,180 | |
| | | 塾関連 | 764,080 | | 432,480 | | 43,064 | | 432,480 | |
| | | リコージャパン | 123,372 | 682,016 | 411,184 | 136,503 | 158,939 | 154,096 | 195,210 | |
| | | SMBC | 12,990 | 12,990 | 12,990 | 12,990 | 12,990 | 12,990 | 1,034,855 | |
| | | HP使用料 | 10,584 | | 10,584 | 10,584 | | | | |
| | | 広告代 | 5,400 | | 72,360 | | 5,400 | | | |
| | | アスクル | 126,132 | 135,915 | 137,441 | 199,060 | 157,103 | | 337,809 | |
| | | LEDレンタル | 27,000 | 27,000 | 27,000 | 27,000 | 27,000 | | 54,000 | |
| | | 賃料（君） | 501,874 | 509,963 | 522,019 | 516,553 | 519,210 | | | |
| | | 税理士報酬 | 88,011 | 88,011 | 185,801 | 88,011 | 88,011 | | 176,022 | |
| | | 駐車場 | 20,725 | 22,032 | 22,032 | 22,032 | 22,032 | 12,960 | 132,064 | |
| | | 地代 | 150,000 | 150,000 | 150,000 | 150,000 | 150,000 | | 300,000 | |
| | | ドリンクサーバー | | 10,260 | 14,148 | 10,530 | 14,850 | 22,410 | 17,820 | |
| | | サンシー（車両） | | | 372,500 | 180,719 | 598,820 | 698,000 | 649,130 | |
| | | 火災報知器 | | | 34,480 | | | | 32,400 | |
| | | 広告代 | 72,360 | 144,720 | | | | | 92,880 | |
| | | インターリハ（器具） | 119,772 | | 388,800 | | | | | |
| | | おやつ | 38,988 | 38,988 | 38,988 | 38,988 | 19,494 | 38,988 | 58,482 | |
| | | 振込手数料 | 7,020 | 4,860 | 8,640 | 4,320 | 6,480 | 3,240 | 9,720 | |
| | | カラオケマイク | 86,400 | | | | | | | |
| | | ユニフォーム | 60,243 | 15,595 | 53,255 | 52,499 | | | 18,425 | |
| | | 公共料金 | 282,598 | 125,489 | 251,886 | 204,702 | 135,400 | 50,469 | 312,970 | |
| | | 小口現金 | 250,000 | 950,000 | 930,000 | 440,000 | 773,000 | 295,000 | 200,000 | |
| | | 突発要因等 | 1,140,089 | 1,201,649 | 2,887,398 | 1,650,000 | 394,970 | 938,910 | 1,072,725 | |
| | | 社長へ | 989,008 | 627,639 | 677,303 | | 690,136 | 474,593 | 451,431 | |
| | | ローン減額分 | 300,000 | 300,000 | 150,000 | | | | | |
| | | ○○生命 | 107,189 | 106,827 | 106,827 | 106,827 | 106,646 | | 213,292 | |
| | | ※ | | | | | | | 1,200,000 | |
| | | 税金 | 556,426 | 260,000 | 635,311 | 898,600 | 541,300 | 212,600 | 623,400 | |
| | | その他 | 43,456 | 8,856 | 604,625 | 8,856 | 3,456 | 3,456 | 5,400 | |
| | 【通帳C】 | | | | | | | | 474,593 | |
| | 【通帳D】 | BIZ | 84,240 | 84,240 | 84,240 | 84,240 | 636,746 | 85,741 | 85,741 | |
| | 【B銀行】 | 印紙 | 200 | | | | | | | |
| | | 振込手数料 | 864 | | | | | | | |
| | 約定利息合計 | | 148,179 | 151,290 | 149,580 | 133,563 | 155,594 | 130,475 | 142,748 | 141,039 |
| 支出小計 | | | 22,466,926 | 19,777,644 | 26,186,353 | 26,302,620 | 19,169,383 | 15,050,960 | 30,799,620 | 141,039 |
| 月次収支① | | | -3,074,994 | -2,959,998 | -5,899,125 | -6,226,006 | -594,365 | 5,714,554 | -8,731,261 | -141,039 |
| 預金取り崩し | | | | | | | | | | |
| 借入れ | | | | 9,980,825 | | | | | | |
| 返済元金合計 | | | 1,939,000 | 1,939,000 | 1,939,000 | 1,939,000 | 1,929,000 | 1,909,000 | 1,909,000 | 1,909,000 |
| 月次収支② | | | -5,013,994 | 5,081,827 | -7,838,125 | -8,165,006 | -2,523,365 | 3,805,554 | -10,640,261 | -2,050,039 |
| 次月繰越残高 | | | 31,365,813 | 36,447,640 | 28,609,515 | 20,444,509 | 17,921,144 | 21,726,698 | 11,086,437 | 9,036,398 |

# 介護事業所オリジナル資金繰り表② 2019-06～2020-01

| | | | | | | | | | | |
|---|---|---|---|---|---|---|---|---|---|---|
| 前月繰越残高 | | | 11,289,455 | 15,440,056 | 8,649,955 | 1,830,900 | | | | |
| 項目 | | | 6月 | 7月 | 8月 | 9月 | 10月 | 11月 | 12月 | 1月 |
| 収入 | A銀行【通帳A】 | | 6,887,360 | 8,082,512 | 7,540,645 | 7,962,200 | | | | |
| | A銀行【通帳B】 | | 10,465,252 | 10,009,995 | 11,780,767 | 10,380,850 | | | | |
| | A銀行【通帳C】 | | 1,533,402 | 1,624,594 | 1,943,587 | 1,673,547 | | | | |
| | 【B銀行】 | | 2,695,524 | 2,833,965 | | | | | | |
| | 【C銀行】 | | | | | | | | | |
| | 【D賃金】 | | 160 | | | | | | | |
| 収入合計 | | | 21,561,698 | 22,551,066 | 21,264,999 | 20,016,597 | 0 | 0 | 0 | 0 |
| 支出 | 【通帳A】 | 振手数料 | 5,400 | 5,400 | 5,400 | 5,400 | | | | |
| | | トヨタファイナンス | 233,007 | 325,577 | 300,722 | 321,819 | | | | |
| | | リコー | 10,368 | 10,368 | | 10,368 | | | | |
| | | 携帯 | 90,391 | 91,962 | 94,824 | 94,826 | | | | |
| | | 事務用品 | 41,365 | | 63,136 | 29,789 | | | | |
| | | 他 | | 383,250 | 200,000 | | | | | |
| | 【通帳B】 | 給与 | 11,878,032 | 12,624,127 | 12,635,296 | 11,496,495 | | | | |
| | | 社会保険 | 737,206 | 8,270,378 | 3,795,313 | 3,847,042 | | | | |
| | | セゾンリース | 129,168 | 64,584 | 64,584 | 64,584 | | | | |
| | | リコーリース | 312,768 | 0 | 346,464 | 329,616 | | | | |
| | | 公共料金 | 122,458 | 354,431 | | | | | | |
| | | ○職ファクター | 8,162 | | | | | | | |
| | | 市民税・所得税 | 624,581 | 771,720 | 676,659 | 677,649 | | | | |
| | | DKカラオケ | 10,800 | 10,800 | 10,800 | 10,800 | | | | |
| | | ドリンクサーバー | 28,998 | | 21,060 | 25,920 | | | | |
| | | 社労士 | 129,600 | 201,960 | 227,880 | 201,960 | | | | |
| | | 振込手数料 | 5,400 | 6,480 | 6,480 | 5,400 | | | | |
| | | セコム | 43,200 | 43,200 | 43,200 | 44,000 | | | | |
| | | Jピパレ | 28,998 | 32,562 | | | | | | |
| | | TSカード | 349,385 | 441,175 | 837,142 | 428,925 | | | | |
| | | | 10,800 | | | | | | | |
| | | パフォーマンスチャージ | 149,684 | | | 84,301 | | | | |
| | | JAMC（カイゴジョブ） | 13,250 | 13,250 | 13,250 | 13,250 | | | | |
| | | 地代① | 150,000 | 150,000 | 150,000 | 150,000 | | | | |
| | | 駐車場 | 22,032 | 22,032 | 22,032 | 22,440 | | | | |
| | | 地代② | 14,000 | 14,000 | 14,000 | 14,000 | | | | |
| | | 地代③ | 30,000 | 30,000 | 30,000 | 30,000 | | | | |
| | | 塾関連 | 108,600 | | | | | | | |
| | | カ）〇〇 | 371,498 | 424,569 | 424,569 | 424,569 | | | | |
| | | ××社 | 38,988 | | 38,988 | 38,988 | | | | |
| | | 東京〇〇 | 6,900 | 6,900 | 6,540 | 6,540 | | | | |
| | | 損保 | 212,190 | 215,980 | 219,750 | 219,750 | | | | |
| | | △△社 | 3,456 | 3,456 | 3,456 | 3,456 | | | | |
| | | SBS利用料 | 34,447 | 23,015 | | | | | | |
| | | アドプロ | 10,800 | 5,400 | 5,400 | 5,400 | | | | |
| | | 事務用品費 | 120,473 | 116,895 | | 114,370 | | | | |
| | | 浄化槽点検 | 23,760 | 16,200 | | | | | | |
| | | 〇〇生命保険料 | 2,082,646 | 106,646 | 106,754 | 106,754 | | | | |
| | | 家賃 | 498,082 | 515,819 | 528,840 | 550,555 | | | | |
| | | CMS利用料 | 10,584 | | | | | | | |
| | | ライフ | 27,000 | 27,000 | | | | | | |
| | | 税理士報酬 | 88,011 | 88,011 | 283,591 | 88,011 | | | | |
| | | 車 | 600,000 | | | 150,000 | | | | |
| | | トヨタファイナンス | 258,991 | 206,935 | 206,935 | 346,255 | | | | |
| | | 小口 | 200,000 | 700,000 | 250,000 | 350,000 | | | | |
| | | 税金 | | 190,000 | 101,600 | | | | | |
| | | 〇〇社 | | 443,330 | 228,600 | 24,480 | | | | |
| | | その他 | 37,132 | 2,577,275 | 3,578,008 | 883,006 | | | | |
| | 【A銀行】 | 通帳C | 1,924,483 | 435,077 | 1,095,131 | 2,032,117 | | | | |
| | 【C銀行】 | | | | | | | | | |
| | 【D信金】 | | 432 | 432 | | | | | | |
| 支出小計 | | | 21,837,526 | 29,970,176 | 26,636,404 | 23,252,835 | 0 | 0 | 0 | 0 |
| 返済金（A銀行） | | | 1,445,158 | 1,441,417 | 1,447,650 | 1,434,171 | | | | |
| 返済金（B銀行） | | | 778,413 | 775,574 | | | | | | |
| 返済合計 | | | 2,223,571 | 2,216,991 | 1,447,650 | 1,434,171 | 0 | 0 | 0 | 0 |
| 月次収支① | | | -2,479,399 | -9,636,101 | -6,819,055 | -4,670,409 | 0 | 0 | 0 | 0 |
| 雑収入・預金取り崩し等 | | | 6,630,000 | 2,846,000 | | | | | | |
| 借入れ | | | | | | | | | | |
| 月次収支② | | | 4,150,601 | -6,790,101 | -6,819,055 | -4,670,409 | 0 | 0 | 0 | 0 |
| 次月繰越残高 | | | 15,440,056 | 8,649,955 | 1,830,900 | | 0 | 0 | 0 | 0 |

## 対銀行取引のアドバイザー・参謀役を担う

決算書が黒字で、この先も利益を上げ続けると予想される優良企業には、金融機関から「お金を借りて欲しい」という依頼がくることがよくあります。金融機関は、確実にお金を返せる能力（信用）のある会社にお金を貸したいからです。

以前から顧問契約をしている工事現場の労働環境管理システムを作っている会社にも、しばしばそんな依頼がきていました。こちらの社長は、

「会社が傾いてしまえば融資を受けられないので、銀行が借りてくれって言ってくれるうちに借りておきたい」

とおっしゃいます。

とはいえ、銀行から融資を受ければ、当然返済しなければなりません。銀行の返済に見合う利益を上げるためにどうするか、借りたお金をどう使うか、預金や保険解約金を考慮して実質借入金はいくらか、実質借入金と毎月の返済を踏まえて、あと何年で実質無借金の状態になるかなどの情報を提供し、その実数字をもとに社長がどう考えるか、などを定期的に打ち合わせすることも私の仕事です。

こちらの経営者さんの場合、融資申請書や事業計画書など、金融機関から借り入れをするための書類を作る必要はほとんどなく、経営状況を把握し、実際にお金を借りてもいいのか、借りたお金をどう運用したらよいのかなどを判断するための書類——年計グラフ、年計グラフ月次損益、経常利益年計グラフ、借入明細、売り上げ予想（平均）、売り上げ予想（2億円想定）、売上高3期比較、現金収支等々——を作ります。

たとえば、資金繰り表は、毎月の月次損益との違いを把握するために使います。

また、年計グラフも重要な経営指標になります。

年計グラフとは、当月を含む過去1年間の累計数字をグラフにしたもので、経営の指標を読み取るのに有効です。通常の決算では、年に1度、12月決算であれば1月から12月までの累計を取りますが、もしかしたら1月から11月までの売り上げが0なのに、12月だけ大きな売り上げがあったから出ている数字なのかもしれません。それは、決算月だけの通常の決算書ではわかりません。

そのため、1月から12月、2月から翌1月、3月から翌2月……のように、毎月決算月を変えて損益計算書を作成します。そうすると、売り上げが上がっていく傾向にあるのか、利益が下がっていく傾向にあるのかなどの傾向がひと目でわかります。

年計グラフには、商品別や部門別、店舗別のものがあり、必要に応じて作成します。

参考に、商品別年計グラフを載せておきます。これを作成することにより、売れ筋だと思っていた商品の粗利がそれほどでもなかったとか、それほど力を入れていなかった商品が、一番利益率が高かったなどがわかります。

中小企業でこういう年計グラフを作っているところはあまりお見受けしませんので、経営者にはとても喜ばれます。

しかし、たとえどんなにいい資料を作っても、それだけでは意味がありません。そこから何かを読み取れなければ、それらの数字はただの羅列にしかすぎないからです。

これらの資料は、あたかも飛行機を操縦するパイロットが見る、コックピットの計器のようなものといえるかもしれません。コックピットには、速度や高度、方位、風速や風向などを示す計器がたくさん並んでいます。それを見ながら、この飛行機は、この速度でこの高度だから、○時間後にはどこまで行けるとか、この風速でこの風向きだから機体はどんな影響を受けるとか、さまざまな数字を分析しながら飛行計画を立てる——経営判断をする——というわけです。その上で、

「今後、どのように返済していくのか」

「これだけの利益を捻出するために、いくらの売り上げを上げなければならないのか」

「なぜその売り上げを上げられるかの具対的なアクションプランに基づく明確な根拠」

など、資金繰り表をもとに先の先まで見据え、今後の経営についての考えを詳しく聞いていきます。

それらの会話を通して自らのすべきことが見えてきた経営者さんに伴走し、モチベーションを保ち続けられるように心がけるのも私の仕事です。

<代表経歴>
・19○○年　○○大学卒
・×××（株）入社（○○機械の　　　　製造メーカー）（19○○年～19○まる年）
　志望動機：建設機械（ブルドーザーやクレーン）は生活基盤にかかせない機材であり
　　　　　　機材のほうから人の役に立てる仕事がしたい
・×××建機（株）（××グループの建設機械商社）に転職（19○○年～20○○年）
　志望動機：技術職として、海外を含め大手商社扱う多岐に渡る建設機械に魅力を感じ転職
　輸入建機の技術サポート、オリジナル商品開発に従事
・（株）×××入社（2000年設立のトンネル向けICTシステムのベンチャー）に転職（20○○年～20○○年）
　志望動機：××建機在職中に知り合った○○の社長と専務よりオファーがあり転職を決意。新商品開発や新規顧客開拓を主に行う。
<独立経緯>
・当時勤務していた（株）×××は2010年に、取扱商品をトンネル工事向けのみに集約する事となり、トンネル向け以外の商品（ダムや高速道路などの土工事）から撤退することとなった。この部門を統括していた代表は今後の将来性を考慮し、トンネル向け以外の事業部門を引き取り20○○年に独立を決意した。
<弊社の存在意義>
建設業界は労務集約型の産業であり危険と背中合わせであるが、国民が生活をするには欠かせない事業である。昨今の震災被害などから今後防災を含め、より重要度が大きくなっていく業界である。

弊社は、この建設業界に対して○○を用いて労働環境の改善、危険作業の削減、建設コストの削減に寄与してシステムを開発、提供していきたい。
< 弊社の強み>
大手開発会社では扱えない○○業界向けに特化したシステム開発
→本来システム開発を行う場合は、発注者（この場合はゼネコン）がシステム要件を作成し、開発会社へ依頼を行う。　しかしながら、ゼネコンはシステム要件を作成する事が困難である（きめ細かいシステムができない）。
また開発したシステムを現場に導入した後に、システムの修正を要する場合が多い。これらに対応するには、建設業界でのシステムの使い方を熟知しており小回りが効く必要がある。

建設に特化した複数のシステムを自社開発
→建設業界に対して、複数のシステムを提供する会社はレンタル会社であるが、レンタル会社は自社開発商品ではない為に、顧客（ゼネコン）からのカスタイマイズ要望に迅速に対応する事ができない。また、自社開発のシステム会社は多数あるが、建設業界向けに複数の商品を有している会社は多くはない。
< 弊社の将来性>
インフラ整備、防災を含め今後も建設工事の発注が伸びる。

国土交通省がi-Constructionを推奨（別資料参照）しており、今後も建設機械の○○化が盛んになる。

IoTやAI、国産GPSなどの技術が身近になりつつある。

弊社システムの知名度が上がっており、ゼネコンだけではなく地場の建設会社からの注文も増える。

<主要商品>
・GPS 運行管理システム○○
→各車両に簡単に載せて使う事ができる運行管理システム
　現在位置の把握、速度超過、急ブレーキ、急加速、急ハンドル、ルート逸脱などの安全監視。事務所からのメッセージ送信、ドライブレコーダー機能、一日の運行帳票自動作成など
・リモートモニタリングシステム○○
→建設業界に特化したIoT機器。現場での振動、騒音、粉塵や川の水位など遠隔地のデータを事務所やタブレットで閲覧可能。また管理基準値を超過した際はメールが自動送信される。
・気象観測システム○○
→現場に設置する気象観測システムであり、雨量、風向、風速、温度、湿度、熱中症指数を自動計測。事務所やタブレットで閲覧可能。また管理基準値を超過した際はメールが自動送信される。
・注意喚起伝達システム△△
→現場100m四方での局所的天気予報及び、それに伴った音声ガイダンスシステム。津波の警報などに良く用いられる。
・自動計量システム△△
→ダンプの積載量を自動で計量し、超過した場合はゲートや回転灯で抑止。過積載走行防止に寄与するシステム
・コンクリート施工管理システム△△
→生コン工場出荷から現場までの時間管理システム。3次元CADに自動的にリンクする機能を有する。
<今後の売上げ目標>
　8 期（今期）: 1.8 億円　　9 期：2.2 億円　　10 期：3 億円の売り上げの見込み
<売上根拠>
・まずリニア工事、高速道路リニューアル、震災対策など今後の業界における市場（マーケット）は増加傾向にある
・その増加傾向にあるマーケットに占めるシェアの拡大　→　売上増加につなげる
・弊社の知名度について
　NETIS（国土交通省認定製品）を採用=工事の得点加点につながる
・加点のランクは VE,VA、V、A となり弊社の商品（○○）は最高得点の VE に値する
・上記製品が VE を獲得したため業界での知名度と信頼性はおのずと上がり今後の売り上げ増加につながる
・また、現場ごとのカスタマイズが重要視され大手が参入できない強みが以下となります
①大手の取り扱い
現場　→　大手に仕様書発注　→　仕様書の通り製品製作　→　現場にて使用　→
不具合発生の場合は再作成（この場合時間がかかるのと追加費用 100 万円などが発生）
システム変更の対応もできないため再契約となり時間と費用がかかる
②弊社の強みは
→　現場の状況を見てアイデアやひらめきが生まれ、そこから製品の製作
→　状況ごとに商品の改善・改良
→　都度システム変更を行い最善の製品で契約
（大手に比べ時間、費用ともに効率的であり大手の研究開発費の比率は低いため弊社のような対応は困難）
以上により今後の売り上げ増加を図る

# 企業A年計グラフ

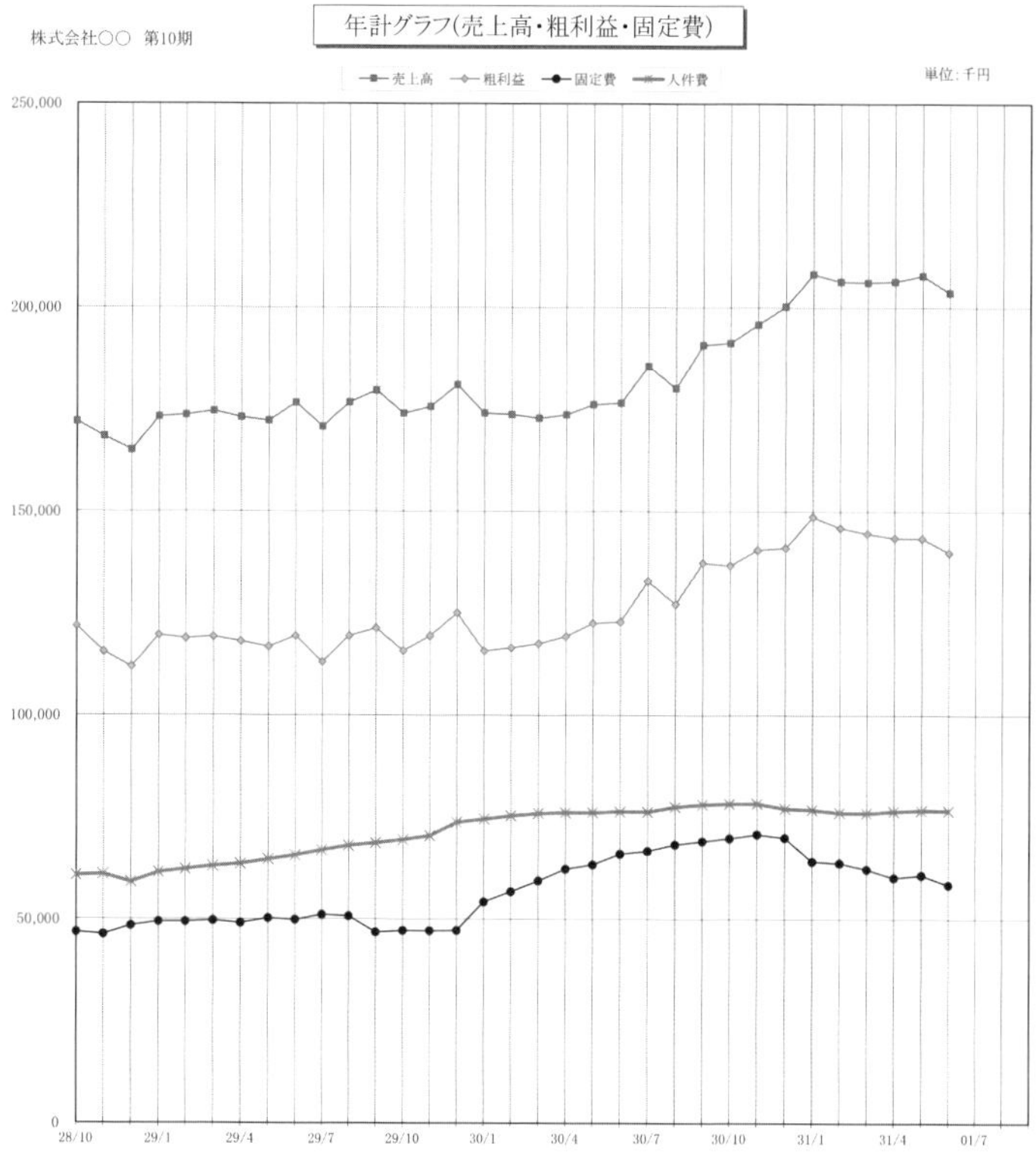

年計グラフ(売上高・粗利益・固定費)
株式会社○○ 第10期
売上高
粗利益
固定費
人件費
単位: 千円
250,000
200,000
150,000
100,000
50,000
0
28/10
29/1
29/4
29/7
29/10
30/1
30/4
30/7
30/10
31/1
31/4
01/7

自　　令和1年10月1日　　令和2年9月30日

単位：千円

| 期間 | | 売上高 | 粗利益 | 固定費 | 人件費 |
|---|---|---|---|---|---|
| 前々期 | 10 | 171,922 | 121,821 | 46,811 | 60,707 |
| | 11 | 168,276 | 115,497 | 46,279 | 60,977 |
| | 12 | 165,000 | 111,850 | 48,365 | 59,053 |
| | 1 | 173,106 | 119,534 | 49,339 | 61,393 |
| | 2 | 173,535 | 118,783 | 49,324 | 62,179 |
| | 3 | 174,528 | 119,175 | 49,631 | 62,983 |
| | 4 | 172,960 | 118,024 | 49,016 | 63,489 |
| | 5 | 172,131 | 116,701 | 50,181 | 64,569 |
| | 6 | 176,557 | 119,311 | 49,823 | 65,592 |
| | 7 | 170,660 | 112,972 | 51,060 | 66,819 |
| | 8 | 176,601 | 119,328 | 50,683 | 67,934 |
| | 9 | 179,575 | 121,238 | 46,769 | 68,574 |
| 前期 | 10 | 173,925 | 115,754 | 47,132 | 69,372 |
| | 11 | 175,561 | 119,342 | 47,089 | 70,324 |
| | 12 | 180,946 | 124,997 | 47,186 | 73,616 |
| | 1 | 173,991 | 115,677 | 54,210 | 74,432 |
| | 2 | 173,666 | 116,487 | 56,718 | 75,216 |
| | 3 | 172,755 | 117,466 | 59,320 | 75,771 |
| | 4 | 173,595 | 119,219 | 62,253 | 76,004 |
| | 5 | 176,112 | 122,443 | 63,301 | 76,010 |
| | 6 | 176,455 | 122,849 | 65,932 | 76,284 |
| | 7 | 185,600 | 132,826 | 66,634 | 76,227 |
| | 8 | 180,053 | 127,121 | 68,218 | 77,404 |
| | 9 | 190,792 | 137,390 | 69,009 | 77,992 |
| 当期 | 10 | 191,307 | 136,736 | 69,764 | 78,217 |
| | 11 | 195,796 | 140,569 | 70,734 | 78,295 |
| | 12 | 200,270 | 141,075 | 69,895 | 77,038 |
| | 1 | 208,140 | 148,655 | 64,120 | 76,703 |
| | 2 | 206,320 | 145,990 | 63,731 | 76,015 |
| | 3 | 206,137 | 144,593 | 62,226 | 75,945 |
| | 4 | 206,357 | 143,517 | 60,184 | 76,410 |
| | 5 | 207,772 | 143,458 | 60,771 | 76,625 |
| | 6 | 203,617 | 139,949 | 58,400 | 76,557 |
| | 7 | | | | |
| | 8 | | | | |
| | 9 | | | | |

年計グラフ（売上・粗利益・固定費・人件費）

## 商品別年計グラフ＿４期

○○株式会社

商品別比較

令和1年7月1日　～　令和2年6月30日

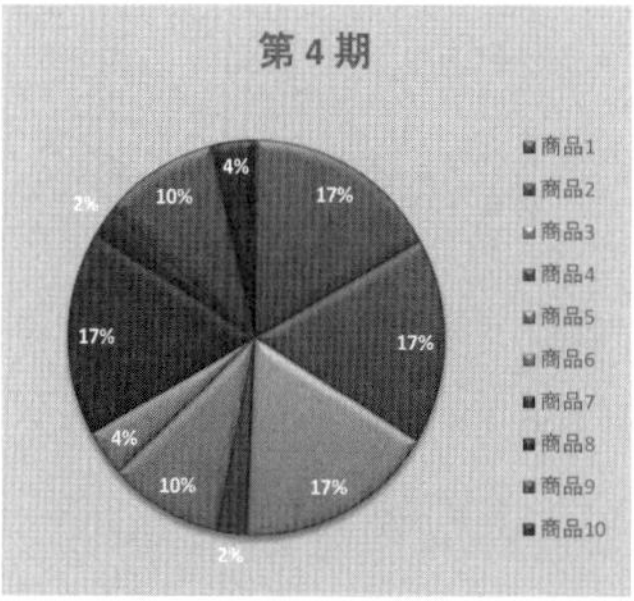


平成30年7月1日　～　令和1年6月30日

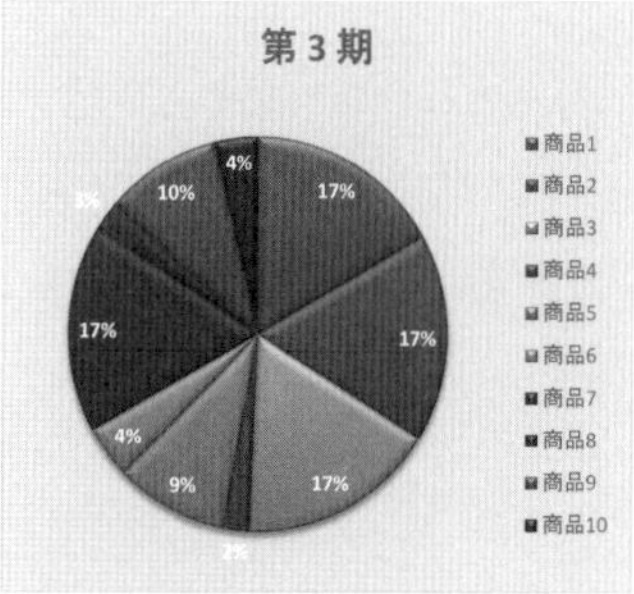


平成29年7月1日　～　平成30年6月30日

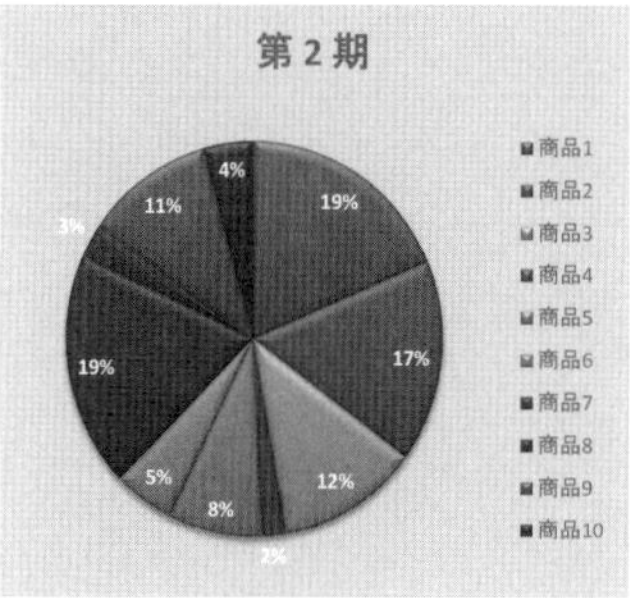


平成28年7月1日　～　平成29年6月30日

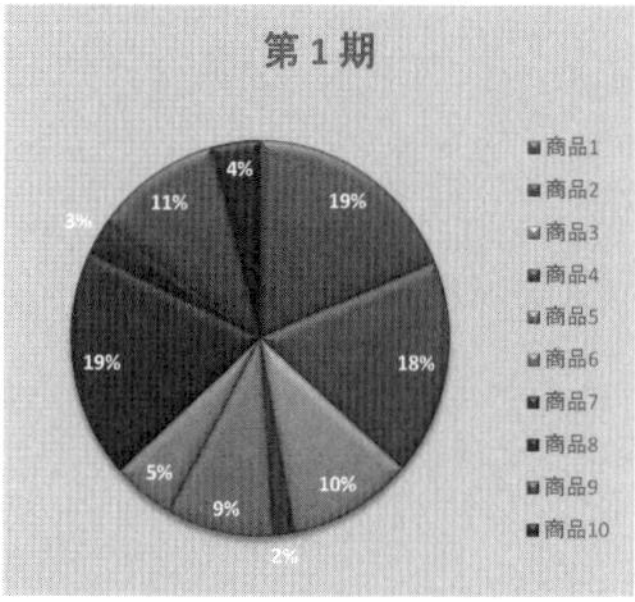


| | 第４期 | 第３期 | 第２期 | 第１期 | 合計 |
|---|---|---|---|---|---|
| 商品1 | 41,600 | 62,600 | 61,400 | 62,600 | 228,200 |
| 商品2 | 42,000 | 63,600 | 54,800 | 59,600 | 220,000 |
| 商品3 | 42,000 | 63,000 | 40,000 | 35,500 | 180,500 |
| 商品4 | 6,400 | 8,400 | 6,600 | 6,000 | 27,400 |
| 商品5 | 24,000 | 35,500 | 27,000 | 31,000 | 117,500 |
| 商品6 | 9,600 | 16,300 | 16,900 | 17,600 | 60,400 |
| 商品7 | 42,000 | 63,500 | 64,000 | 63,500 | 233,000 |
| 商品8 | 6,400 | 9,600 | 9,600 | 9,600 | 35,200 |
| 商品9 | 24,000 | 36,000 | 36,000 | 36,000 | 132,000 |
| 商品10 | 9,600 | 14,400 | 14,400 | 14,400 | 52,800 |

# 企業A年計グラフ月次損益

株式会社〇〇　第 10 期　自 ¤2019年10月1日　至 ¤2020年9月30日　単位：千円

| 勘 定 科 目 | 10月 | 11月 | 12月 | 1月 | 2月 | 3月 | 4月 | 5月 | 6月 | 7月 | 8月 | 9月 | 合計 |
|---|---|---|---|---|---|---|---|---|---|---|---|---|---|
| 売上高 | 13,709 | 18,243 | 20,549 | 19,028 | 10,828 | 13,561 | 13,456 | 17,581 | 13,330 | | | | 140,285 |
| 粗利益 | 10,741 | 13,635 | 12,665 | 12,081 | 6,011 | 8,902 | 8,738 | 12,607 | 8,079 | | | | 93,459 |
| 粗利益率 | 78.3% | 74.7% | 61.6% | 63.5% | 55.5% | 65.6% | 64.9% | 71.7% | 60.6% | 0.0% | 0.0% | 0.0% | 66.6% |
| 固定費 | 3,084 | 3,971 | 4,984 | 5,667 | 5,121 | 4,421 | 3,666 | 6,249 | 4,034 | | | | 41,197 |
| 人件費 | 5,409 | 5,416 | 10,148 | 5,474 | 5,414 | 5,558 | 5,773 | 5,711 | 5,716 | | | | 54,619 |
| 経常利益 | 2,148 | 4,313 | -2,355 | 862 | -4,455 | -1,212 | -840 | 571 | -1,820 | | | | -2,788 |

株式会社〇〇　第 9 期　自 ¤2018年10月1日　至 ¤2019年9月30日　単位：千円

| 勘 定 科 目 | 10月 | 11月 | 12月 | 1月 | 2月 | 3月 | 4月 | 5月 | 6月 | 7月 | 8月 | 9月 | 合計 |
|---|---|---|---|---|---|---|---|---|---|---|---|---|---|
| 売上高 | 13,194 | 13,754 | 16,075 | 11,158 | 12,648 | 13,744 | 13,236 | 16,166 | 17,485 | 22,540 | 12,758 | 28,034 | 190,792 |
| 粗利益 | 11,395 | 9,802 | 12,159 | 4,501 | 8,676 | 10,299 | 9,814 | 12,666 | 11,588 | 18,021 | 7,559 | 20,910 | 137,390 |
| 粗利益率 | 86.4% | 71.3% | 75.6% | 40.3% | 68.6% | 74.9% | 74.1% | 78.3% | 66.3% | 80.0% | 59.2% | 74.6% | 72.0% |
| 固定費 | 2,329 | 3,001 | 5,823 | 11,442 | 5,510 | 5,926 | 5,708 | 5,662 | 6,405 | 5,763 | 5,219 | 6,221 | 69,009 |
| 人件費 | 5,184 | 5,338 | 11,405 | 5,809 | 6,102 | 5,628 | 5,308 | 5,496 | 5,784 | 9,722 | 6,392 | 5,824 | 77,992 |
| 経常利益 | 3,795 | 1,376 | -5,127 | -12,576 | -3,417 | 6,979 | -967 | 1,566 | -710 | 2,579 | -4,155 | 8,850 | -1,807 |

株式会社〇〇　第 8 期　自 ¤2017年10月1日　至 ¤2018年9月30日　単位：千円

| 勘 定 科 目 | 10月 | 11月 | 12月 | 1月 | 2月 | 3月 | 4月 | 5月 | 6月 | 7月 | 8月 | 9月 | 合計 |
|---|---|---|---|---|---|---|---|---|---|---|---|---|---|
| 売上高 | 18,844 | 12,118 | 10,690 | 18,113 | 12,973 | 14,655 | 12,396 | 13,649 | 17,142 | 13,395 | 18,305 | 17,295 | 179,575 |
| 粗利益 | 16,879 | 6,214 | 6,504 | 13,821 | 7,866 | 9,320 | 8,061 | 9,442 | 11,182 | 8,044 | 13,264 | 10,641 | 121,238 |
| 粗利益率 | 89.6% | 51.3% | 60.8% | 76.3% | 60.6% | 63.6% | 65.0% | 69.2% | 65.2% | 60.1% | 72.5% | 61.5% | 67.5% |
| 固定費 | 1,966 | 3,044 | 5,726 | 4,418 | 3,002 | 3,324 | 2,775 | 4,614 | 3,774 | 5,061 | 3,635 | 5,430 | 46,769 |
| 人件費 | 4,386 | 4,386 | 8,113 | 4,993 | 5,318 | 5,073 | 5,075 | 5,490 | 5,510 | 9,779 | 5,215 | 5,236 | 68,574 |
| 経常利益 | 10,627 | -1,099 | -7,466 | 4,533 | -331 | 1,061 | 265 | -659 | 2,075 | -6,663 | 4,537 | -108 | 6,772 |

株式会社〇〇　第 7 期　自 ¤2016年10月1日　至 ¤2017年9月30日　単位：千円

| 勘 定 科 目 | 10月 | 11月 | 12月 | 1月 | 2月 | 3月 | 4月 | 5月 | 6月 | 7月 | 8月 | 9月 | 合計 |
|---|---|---|---|---|---|---|---|---|---|---|---|---|---|
| 売上高 | 17,297 | 15,764 | 13,966 | 10,007 | 12,544 | 13,662 | 13,964 | 14,478 | 12,716 | 19,292 | 12,364 | 14,321 | 170,375 |
| 粗利益 | 13,495 | 12,538 | 10,151 | 6,137 | 8,617 | 8,928 | 9,212 | 10,765 | 8,572 | 14,383 | 6,908 | 8,731 | 118,437 |
| 粗利益率 | 78.0% | 79.5% | 72.7% | 61.3% | 68.7% | 65.3% | 66.0% | 74.4% | 67.4% | 74.6% | 55.9% | 61.0% | 69.5% |
| 固定費 | 1,965 | 3,576 | 3,640 | 3,444 | 3,017 | 3,017 | 3,390 | 3,449 | 4,132 | 3,824 | 4,012 | 9,344 | 46,810 |
| 人件費 | 4,258 | 4,116 | 10,037 | 2,653 | 4,532 | 4,269 | 4,569 | 4,410 | 4,487 | 8,552 | 4,100 | 4,596 | 60,579 |
| 経常利益 | 7,399 | 4,977 | -3,388 | 153 | 1,085 | 1,703 | 1,378 | 3,043 | 142 | 2,137 | -1,069 | -5,112 | 12,448 |

## 企業A経常利益年計グラフ

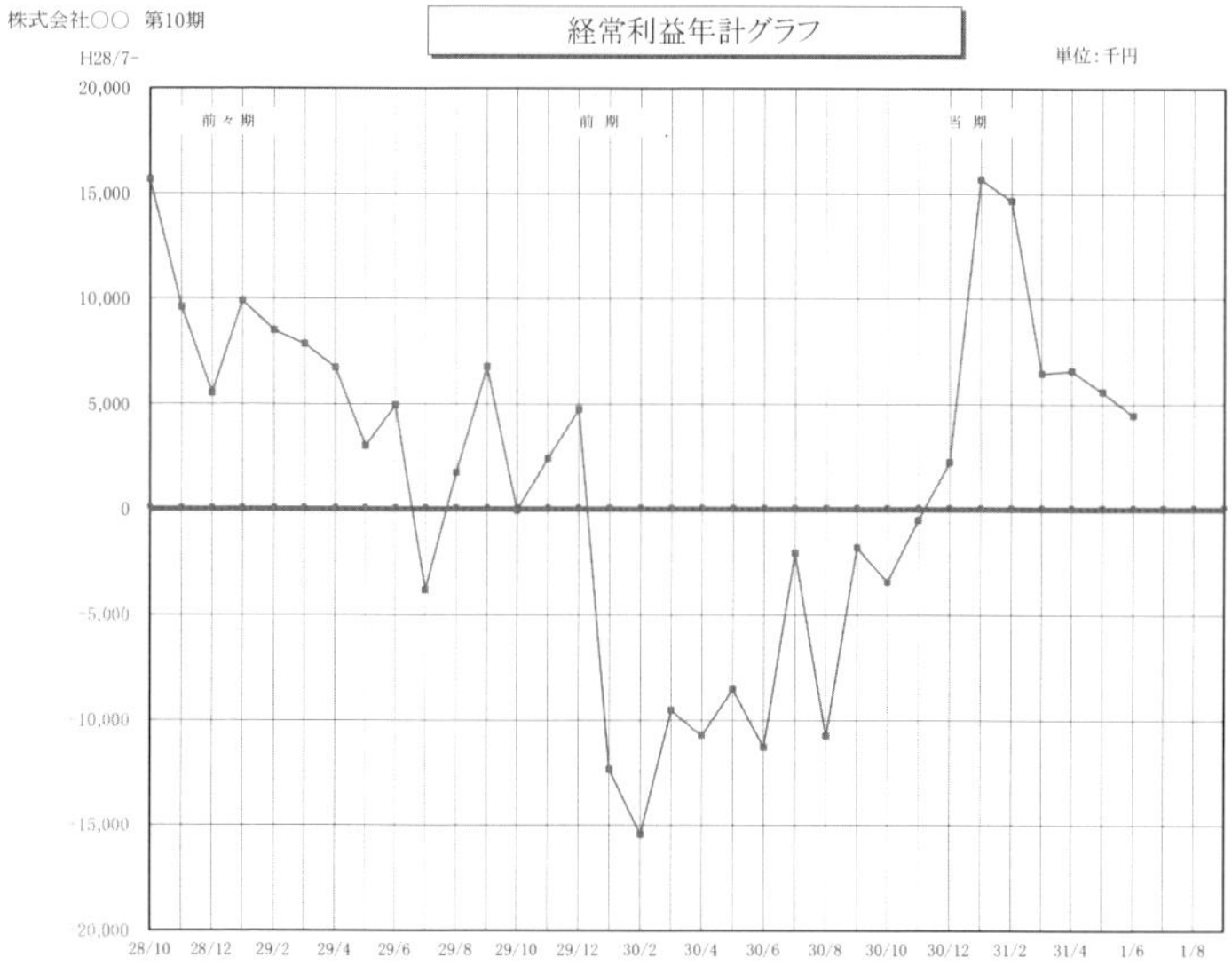


| 年　月 | 10月 | 11月 | 12月 | 1月 | 2月 | 3月 | 4月 | 5月 | 6月 | 7月 | 8月 | 9月 |
|---|---|---|---|---|---|---|---|---|---|---|---|---|
| H28/10-H29/9 | 15,676 | 9,600 | 5,522 | 9,902 | 8,486 | 7,844 | 6,731 | 3,029 | 4,962 | -3,838 | 1,768 | 6,772 |
| H29/10-H30/9 | -60 | 2,415 | 4,754 | -12,355 | -15,441 | -9,523 | -10,755 | -8,530 | -11,315 | -2,075 | -10,765 | -1,807 |
| H30/10-R1/9 | -3,451 | -517 | 2,255 | 15,693 | 14,655 | 6,464 | 6,591 | 5,596 | 4486 | | | |

経常利益年計グラフ

# 企業 A 借入明細

借入明細一覧表
株式会社〇〇 様

2020/7月末

| | 金融機関名 | 使途 | 種類 | 種別 | 借入日 | 借入額 | 利率 | 返済月数 | 返済方法 | 返済期限 | 月額返済額 | 元金残高 | 担保 | 備考 |
|---|---|---|---|---|---|---|---|---|---|---|---|---|---|---|
| プロパー | C信用金庫 | 運転 | 長期 | 証貸 | 2018/5/21 | 35,000,000 | 1.300% | 60ヶ月 | 月払 | 2023/3/2 | 584,000 | 19,272,000 | | |
| | C信用金庫 | 運転資金 | 長期 | 証貸 | 2020/2/20 | 12,000,000 | 1.250% | 60ヶ月 | 月払 | 2025/1/20 | 200,000 | 11,000,000 | | |
| | D銀行 | 運転資金 | 長期 | 証貸 | 2019/6/30 | 15,000,000 | 1.300% | 60ヶ月 | 月払 | 2024/6/30 | 250,000 | 11,750,000 | | |
| | D銀行 | 運転資金 | 長期 | 証貸 | 2020/1/31 | 20,000,000 | 1.150% | 60ヶ月 | 月払 | 2025/12/31 | 335,000 | 18,090,000 | | |
| | (小計) | | | | | 82,000,000 | | | | | 1,369,000 | 60,112,000 | | |
| 保証協会付 | C信用金庫 | 運転 | 長期 | 証貸 | 2018/5/21 | 50,000,000 | 1.200% | 120ヶ月 | 月払 | 2028/3/20 | 417,000 | 38,781,000 | | |
| | B銀行 | 運転 | 長期 | 証貸 | 2018/9/28 | 13,000,000 | 0.400% | 84ヶ月 | 月払 | 2025/9/25 | 155,000 | 9,610,000 | | |
| | D銀行 | 運転 | 長期 | 証貸 | 2020/4/3 | 20,000,000 | 0.980% | 120ヶ月 | 月払 | 2030/3/3 | 167,000 | 19,372,000 | | |
| | (小計) | | | | | 83,000,000 | | | | | 739,000 | 67,763,000 | 預金残高 | 保険解約金 |
| | (合計) | | | | | 165,000,000 | | | | | 2,108,000 | 127,875,000 | 72,522,368 | 1,727万円 |
| | | | | | | | | | | 実質借入れ（借入残-預金残） | | 55,352,632 | 月返済：2,108千円 | 残り26か月で終了 |
| | | | | | | | | | | 実質借入れ（借入残-預金残-保険解約金） | | 38,082,632 | | 残り18か月で終了 |

# 企業 B 損益予想（過去平均値からの予測）

損益計算書

2019年7月～　　　　単位：千円

| | 項目 | 年計 | 10月 | 11月 | 12月 | 1月 | 2月 | 3月 | 4月 | 5月 | 6月 | 7月 | 8月 | 9月 |
|---|---|---|---|---|---|---|---|---|---|---|---|---|---|---|
| 売上 | 売上 | 200,000 | 12,917 | | | | | | | | 140,313 | 15,590 | 15,590 | 15,590 |
| | その他売上 | 0 | | | | | | | | | | | | |
| | 売上合計(1) | 200,000 | 12,917 | 0 | 0 | 0 | 0 | 0 | 0 | 0 | 140,313 | 15,590 | 15,590 | 15,590 |
| 売上原価 | 仕入 | 66,800 | 4,352 | | | | | | | | 46,827 | 5,207 | 5,207 | 5,207 |
| | その他、仕入 | 0 | | | | | | | | | | | | |
| | 仕入合計(2) | 66,800 | 4,352 | 0 | 0 | 0 | 0 | 0 | 0 | 0 | 46,827 | 5,207 | 5,207 | 5,207 |
| 売上総利益 | 売上総利益(3)=(1)-(2) | 133,200 | 8,565 | 0 | 0 | 0 | 0 | 0 | 0 | 0 | 93,486 | 10,383 | 10,383 | 10,383 |
| 販売費・一般管理費 | 人件費 | 66,983 | | | | | | | | | 47,893 | 9,000 | 5,045 | 5,045 |
| | 法定福利費 | 8,677 | | | | | | | | | 6,661 | 672 | 672 | 672 |
| | 福利厚生費 | 65 | | | | | | | | | 65 | | | |
| | 広告宣伝費 | 1,561 | | | | | | | | | 1,171 | 130 | 130 | 130 |
| | 消耗品費 | 5,190 | | | | | | | | | 3,894 | 432 | 432 | 432 |
| | 地代家賃 | 11,407 | | | | | | | | | 8,806 | 867 | 867 | 867 |
| | 支払保険料 | 1,773 | | | | | | | | | 1,737 | 12 | 12 | 12 |
| | 減価償却費 | 12,231 | | | | | | | | | 9,231 | 1,000 | 1,000 | 1,000 |
| | 旅費交通費 | 7,747 | | | | | | | | | 5,812 | 645 | 645 | 645 |
| | 通信費 | 3,015 | | | | | | | | | 2,265 | 250 | 250 | 250 |
| | 支払手数料 | 7,620 | | | | | | | | | 5,715 | 635 | 635 | 635 |
| | その他 | 3,401 | | | | | | | | | 2,552 | 283 | 283 | 283 |
| | | 0 | | | | | | | | | | | | |
| | | 0 | | | | | | | | | | | | |
| | 販売費・一般管理費合計(4) | 129,670 | 0 | 0 | 0 | 0 | 0 | 0 | 0 | 0 | 95,802 | 13,926 | 9,971 | 9,971 |
| 営業利益 | 営業利益(5)=(3)-(4) | 3,530 | 8,565 | 0 | 0 | 0 | 0 | 0 | 0 | 0 | -2,316 | -3,543 | 412 | 412 |
| 営業外損益 | 受取利息 | 0 | | | | | | | | | | | | |
| | 雑収入 | 542 | | | | | | | | | 542 | | | |
| | その他、収入 | 0 | | | | | | | | | | | | |
| | 営業外収益　合計(6) | 542 | 0 | 0 | 0 | 0 | 0 | 0 | 0 | 0 | 542 | 0 | 0 | 0 |
| | 支払利息 | 1,326 | | | | | | | | | 1,026 | 100 | 100 | 100 |
| | 雑損失 | 0 | | | | | | | | | | | | |
| | その他、支出 | 0 | | | | | | | | | | | | |
| | 営業外費用　合計(7) | 1,326 | 0 | 0 | 0 | 0 | 0 | 0 | 0 | 0 | 1,026 | 100 | 100 | 100 |
| 経常利益 | 経常利益(8)=(5)+(6)-(7) | 2,746 | 8,565 | 0 | 0 | 0 | 0 | 0 | 0 | 0 | -2,800 | -3,643 | 312 | 312 |
| 特別損益 | 特別利益(9) | 0 | | | | | | | | | | | | |
| | 特別損失(10) | 0 | | | | | | | | | | | | |
| 税引き前当期利益 | 税引き前当期利益(11)=(8)+(9)-(10) | 2,746 | 8,565 | 0 | 0 | 0 | 0 | 0 | 0 | 0 | -2,800 | -3,643 | 312 | 312 |
| 法人税等 | 法人税等(12) | 0 | | | | | | | | | | | | |
| 税引き後当期利益 | 税引き後当期利益(11)-(12) | 2,746 | 8,565 | 0 | 0 | 0 | 0 | 0 | 0 | 0 | -2,800 | -3,643 | 312 | 312 |

売上高三期比較グラフ

株式会社○○　第10期

自　令和1年10月1日　至　令和2年9月30日

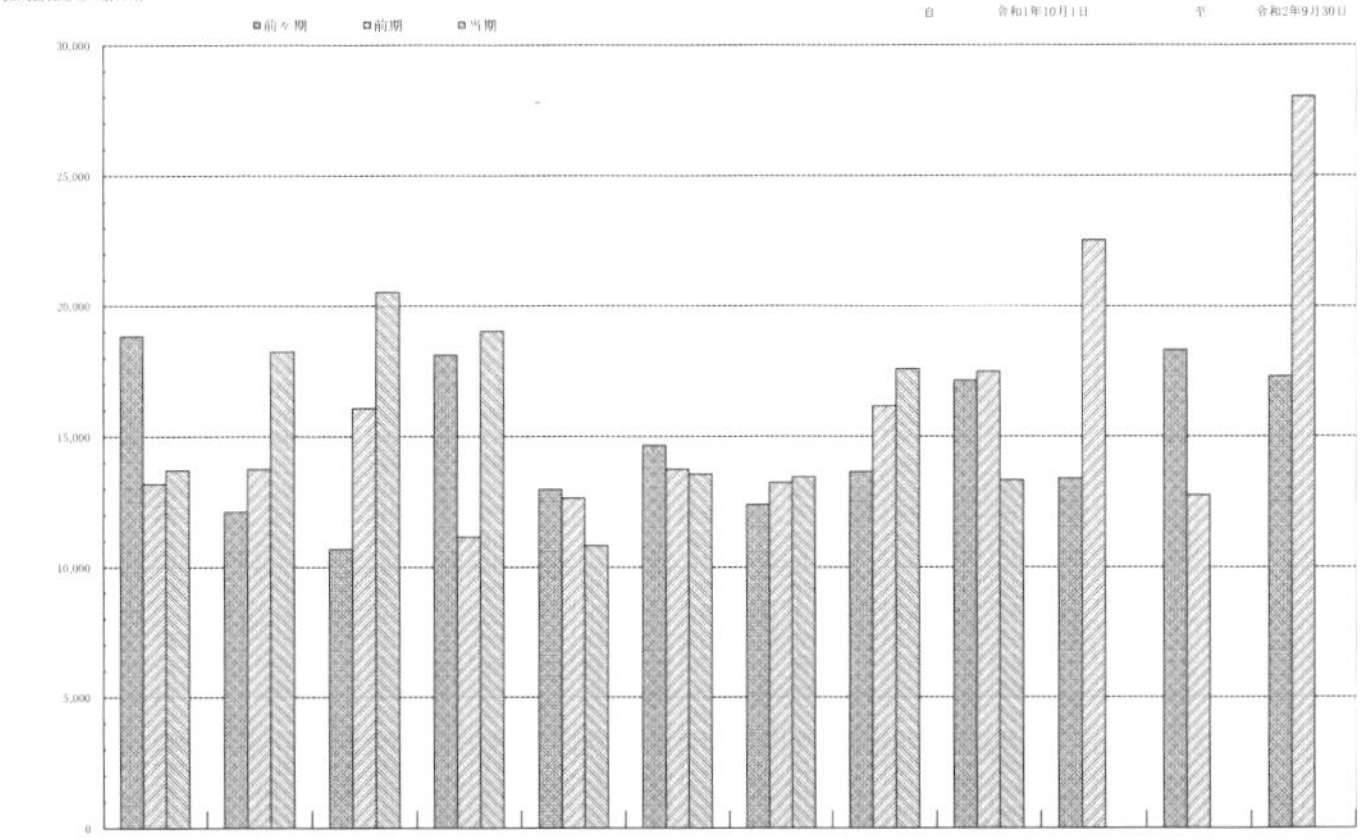


| 単位：千円 | 10月 | 11月 | 12月 | 1月 | 2月 | 3月 | 4月 | 5月 | 6月 | 7月 | 8月 | 9月 |
|---|---|---|---|---|---|---|---|---|---|---|---|---|
| 当期 | 13,709 | 18,243 | 20,549 | 19,028 | 10,828 | 13,561 | 13,456 | 17,581 | 13,330 | | | |
| 前年対比 | 103.9% | 132.6% | 127.8% | 170.5% | 85.6% | 98.7% | 101.7% | 108.8% | 76.2% | | | |
| 前期 | 13,194 | 13,754 | 16,075 | 11,158 | 12,648 | 13,744 | 13,236 | 16,166 | 17,485 | 22,540 | 12,758 | 28,034 |
| 前々年対比 | 70.0% | 113.5% | 150.4% | 61.6% | 97.5% | 93.8% | 106.8% | 118.4% | 102.0% | 168.3% | 69.7% | 162.1% |
| 前々期 | 18,844 | 12,116 | 10,690 | 18,113 | 12,973 | 14,685 | 12,396 | 13,649 | 17,142 | 13,395 | 18,305 | 17,298 |

売上高三期比較グラフ

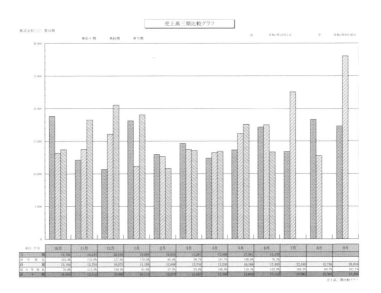

# 企業 B 資金繰り表

| | | | | | | | | | | | | | |
|---|---|---|---|---|---|---|---|---|---|---|---|---|---|
| 前月繰越残高 | | | [redacted] | | | | | | | | | | |
| | | | 12月 | 1月 | 2月 | 3月 | 4月 | 5月 | 6月 | 7月 | 8月 | 9月 | 10月 |
| 収入 | 【A銀行】 | | 14,775,513 | 18,245,102 | 11,395,372 | 6,146,195 | 3,669,676 | 2,255,726 | 3,096,588 | | | | |
| | 【B銀行】 | | 4,402,639 | 4,524,245 | 3,249,448 | 12,604,202 | 8,740,551 | 12,150,021 | 14,865,520 | | | | |
| | 【C信金】 | | | | | | | | | | | | |
| | 【D銀行】 | | | | 62 | | | | | | | | |
| 収入合計 ① | | | 19,178,152 | 22,769,347 | 14,644,882 | 18,750,397 | 12,410,227 | 14,405,747 | 17,962,108 | 0 | 0 | 0 | 0 |
| 支出 | 【A/B合算】 | 給与 | 7,760,697 | 4,397,106 | 4,342,222 | 4,308,266 | 4,278,666 | 4,197,770 | 4,397,062 | | | | |
| | | 社会保険料等 | 1,326,640 | 2,629,060 | 1,326,640 | 1,326,640 | 1,420,424 | 1,347,134 | 1,347,134 | | | | |
| | | 預かり金(源泉・住民税) | 1,024,568 | 1,125,929 | 1,055,681 | 1,058,210 | 1,049,356 | 2,111,969 | 1,088,940 | | | | |
| | | [redacted] | | | | | | | | | | | |
| | | リース債務 | 29,808 | 29,808 | 29,808 | 29,808 | 29,808 | 29,808 | 29,808 | | | | |
| | | 旅費交通費 | 746,189 | 677,867 | 672,841 | 730,026 | 374,718 | 670,290 | 599,901 | | | | |
| | | 支払手数料 | 829,740 | 378,493 | 501,557 | 969,614 | 320,096 | 1,102,428 | 323,378 | | | | |
| | | 租税公課 | 54,849 | 886,830 | | 1,396,000 | 2,048 | 1,521,300 | 114,500 | | | | |
| | | 損保支払保険料 | | | | | | | | | | | |
| | | [redacted] | 477,029 | 1,049,888 | 945,155 | 297,901 | 582,821 | 1,883,146 | 622,509 | | | | |
| | | 会議費 | 68,026 | 35,737 | 32,426 | 53,532 | 36,611 | 5,907 | | | | | |
| | | 交際費 | 78,074 | 182,491 | | | 39,703 | | | | | | |
| | | 通信費 | 50,185 | 609,944 | 291,045 | 321,701 | 279,483 | 295,176 | 307,749 | | | | |
| | | 図書教育費 | 30,627 | 22,138 | 18,080 | 30,080 | 58,280 | 41,069 | 24,646 | | | | |
| | | レンタル仕入れ | 1,553,873 | 2,751,154 | 1,356,813 | 1,724,749 | 1,503,841 | 1,702,829 | 1,731,483 | | | | |
| | | 材料仕入れ | 2,153,113 | 4,479,147 | 1,977,420 | 1,217,959 | 4,729,134 | 2,738,545 | 1,270,660 | | | | |
| | | 広告宣伝費 | 208,829 | 341,647 | 80,412 | 337,220 | 187,344 | 42,826 | 52,084 | | | | |
| | | 地代家賃 | 954,085 | 954,085 | 954,085 | 954,085 | 954,085 | 1,504,085 | 954,085 | | | | |
| | | 生命保険料 | 318,926 | 319,551 | 319,291 | 314,358 | 317,542 | 316,419 | 316,512 | | | | |
| | | [redacted] | 872,700 | 872,700 | 4,272,700 | 872,700 | 872,700 | 872,700 | 872,700 | | | | |
| | | 水道光熱費 | 45,739 | 69,140 | 56,137 | 63,648 | 59,220 | 79,705 | | | | | |
| | | 荷造発送費 | 121,660 | 130,504 | 46,365 | 57,382 | 85,822 | 76,467 | 76,980 | | | | |
| | | 修繕費 | | 232,000 | | | | | | | | | |
| | | 外注費他支払い | 495,000 | 495,000 | 522,500 | 495,000 | 554,125 | 459,646 | 495,000 | | | | |
| | | その他 | | | -100,000 | | -156,134 | 1,671 | | | | | |
| | 【B銀行】 | 支払手数料 | 9,760 | 7,540 | 35,846 | | | | | | | | |
| | | その他 | | | 245,740 | | | | | | | | |
| | 【C信金】 | その他 | | | | -19 | | | | | | | |
| | | 消耗品費 | | | | | | | | | | | |
| | 【D銀行】 | その他 | 1,375 | 20,000 | 880 | | 20,000 | | 880 | | | | |
| | | | | | | | | | | | | | |
| | 借入金返済 | | 1,773,255 | 2,060,763 | 2,082,718 | 2,665,672 | 2,251,725 | 2,429,293 | 2,231,431 | | | | |
| 支出合計 ② | | | 20,984,747 | 24,758,522 | 21,066,362 | 19,224,532 | 19,849,368 | 23,430,183 | 16,857,442 | 0 | 0 | 0 | 0 |
| 現金収支 ③ (①-②) | | | -1,806,595 | -1,989,175 | -6,421,460 | -474,135 | -7,439,141 | -9,024,436 | 1,104,666 | 0 | 0 | 0 | 0 |
| 預金取崩・保険解約等雑収入 | | | | | -7,417,000 | | | | | | | | |
| 資金調達 | | | | 20,000,000 | 12,000,000 | | 20,000,000 | | | | | | |
| 現金収支 ④ | | | -1,806,595 | 18,010,825 | -1,838,460 | -474,135 | 12,560,859 | -9,024,436 | 1,104,666 | 0 | 0 | 0 | 0 |
| 積み立て含む預金残高合計 | | | [redacted] | | | | | | | | | | |
| 保険資産 | | | 2019年 | 2020年 | 2021年 | 2022年 | 2023年 | 2024年 | 2025年 | 2026年 | 2027年 | 2028年 | 2029年 |
| | | | 1,152万円 | 1,727万円 | 2,798万円 | 3,429万円 | 4,074万円 | 4,715万円 | 5,339万円 | 5,934万円 | | | |

# 企業 B 資金繰り表

| | | | | | | | | | | | | | |
|---|---|---|---|---|---|---|---|---|---|---|---|---|---|
| 前月繰越残高 | | | [redacted] | | | | | | | | | | |
| | | | 12月 | 1月 | 2月 | 3月 | 4月 | 5月 | 6月 | 7月 | 8月 | 9月 | 10月 |
| 収入 | 【A銀行】 | | 14,775,513 | 18,245,102 | 11,395,372 | 6,146,195 | 3,669,676 | 2,255,726 | 3,096,588 | 1,932,379 | | | |
| | 【B銀行】 | | 4,402,639 | 4,524,245 | 3,249,448 | 12,604,202 | 8,740,551 | 12,150,021 | 14,865,520 | 15,295,138 | | | |
| | 【C信金】 | | | | | | | | | 160 | | | |
| | 【D銀行】 | | | | 62 | | | | | 1,000 | | | |
| 収入合計 ① | | | 19,178,152 | 22,769,347 | 14,644,882 | 18,750,397 | 12,410,227 | 14,405,747 | 17,962,108 | 17,228,677 | 0 | 0 | 0 |
| 支出 | 【A/B】 | 給与 | 7,760,697 | 4,397,106 | 4,342,222 | 4,308,266 | 4,278,666 | 4,197,770 | 4,397,062 | 7,597,525 | | | |
| | | 社会保険料等 | 1,326,640 | 2,629,060 | 1,326,640 | 1,326,640 | 1,420,424 | 1,347,134 | 1,347,134 | 1,347,134 | | | |
| | | 預かり金(源泉・住民税) | 1,024,568 | 1,125,929 | 1,055,681 | 1,058,210 | 1,049,356 | 2,111,969 | 1,088,940 | 1,427,658 | | | |
| | | [redacted] | | | | | | | | | | | |
| | | リース債務 | 29,808 | 29,808 | 29,808 | 29,808 | 29,808 | 29,808 | 29,808 | 29,808 | | | |
| | | 旅費交通費 | 746,189 | 677,867 | 672,841 | 730,026 | 374,718 | 670,290 | 599,901 | 723,128 | | | |
| | | 支払手数料 | 829,740 | 378,493 | 501,557 | 969,614 | 320,096 | 1,102,428 | 323,378 | 350,734 | | | |
| | | 租税公課 | 54,849 | 886,830 | | 1,396,000 | 2,048 | 1,521,300 | 114,500 | 597,219 | | | |
| | | 損保支払保険料 | | | | | | | | | | | |
| | | [redacted] | 477,029 | 1,049,888 | 945,155 | 297,901 | 582,821 | 1,883,146 | 622,509 | 1,322,952 | | | |
| | | 会議費 | 68,026 | 35,737 | 32,426 | 53,532 | 36,611 | 5,907 | | | | | |
| | | 交際費 | 78,074 | 182,491 | | | 39,703 | | | 133,400 | | | |
| | | 通信費 | 50,185 | 609,944 | 291,045 | 321,701 | 279,483 | 295,176 | 307,749 | 319,946 | | | |
| | | 図書教育費 | 30,627 | 22,138 | 18,080 | 30,080 | 58,280 | 41,069 | 24,646 | 24,345 | | | |
| | | 〇〇仕入れ | 1,553,873 | 2,751,154 | 1,356,813 | 1,724,749 | 1,503,841 | 1,702,829 | 1,731,483 | 1,670,447 | | | |
| | | 材料仕入れ | 2,153,113 | 4,479,147 | 1,977,420 | 1,217,959 | 4,729,134 | 2,738,545 | 1,270,660 | 4,058,578 | | | |
| | | 広告宣伝費 | 208,829 | 341,647 | 80,412 | 337,220 | 187,344 | 42,826 | 52,084 | 42,833 | | | |
| | | 地代家賃 | 954,085 | 954,085 | 954,085 | 954,085 | 954,085 | 1,504,085 | 954,085 | 954,085 | | | |
| | | 生命保険料 | 318,926 | 319,551 | 319,291 | 314,358 | 317,542 | 316,419 | 316,512 | 596,596 | | | |
| | | [redacted] | 872,700 | 872,700 | 4,272,700 | 872,700 | 872,700 | 872,700 | 872,700 | 872,700 | | | |
| | | 水道光熱費 | 45,739 | 69,140 | 56,137 | 63,648 | 59,220 | 79,705 | 45,984 | 89,309 | | | |
| | | 荷造発送費 | 121,660 | 130,504 | 46,365 | 57,382 | 85,822 | 76,467 | 76,980 | 90,007 | | | |
| | | 修繕費 | | 232,000 | | | | | | | | | |
| | | 外注費他支払い | 495,000 | 495,000 | 522,500 | 495,000 | 554,125 | 459,646 | 495,000 | 533,500 | | | |
| | | その他 | | | (100,000) | | (158,184) | 1,671 | | 9,190 | | | |
| | 【C】 | 支払手数料 | 9,760 | 7,540 | 35,846 | | | | | | | | |
| | | その他 | | | 245,740 | | | | | | | | |
| | 【D信金】 | その他 | | | | (19) | | | | | | | |
| | | 消耗品費 | | | | | | | | | | | |
| | 【E】 | その他 | 1,375 | 20,000 | 880 | | 20,000 | | 880 | | | | |
| | | | | | | | | | | | | | |
| | 借入金返済 | | 1,773,255 | 2,060,763 | 2,082,718 | 2,665,672 | 2,251,725 | 2,429,293 | 2,231,431 | 2,228,068 | | | |
| 支出合計 ② | | | 20,984,747 | 24,758,522 | 21,066,362 | 19,224,532 | 19,849,368 | 23,430,183 | 16,903,426 | 25,019,162 | 0 | 0 | 0 |
| 現金収支 ③ (①−②) | | | (1,806,595) | (1,969,175) | (6,421,460) | (474,135) | (7,439,141) | (9,024,436) | 1,058,682 | (7,790,485) | 0 | 0 | 0 |
| 預金取崩・保険解約等雑収入 | | | | | (7,417,000) | | | | | | | | |
| 資金調達 | | | | 20,000,000 | 12,000,000 | | 20,000,000 | | | | | | |
| 現金収支 ④ | | | (1,806,595) | 18,010,825 | (1,838,480) | (474,135) | 12,560,859 | (9,024,436) | 1,058,682 | (7,790,465) | 0 | 0 | 0 |
| 積み立て含む預金残高合計 | | | [redacted] | | | | | | | | | | |
| 保険資産 | | | 2019年 | 2020年 | 2021年 | 2022年 | 2023年 | 2024年 | 2025年 | 2026年 | 2027年 | 2028年 | 2029年 |
| | | | 1,152万円 | 1,727万円 | 2,798万円 | 3,429万円 | 4,074万円 | 4,715万円 | 5,339万円 | 5,934万円 | | | |

## ◯個人のお客様の融資申請書の添削や、ビジネスモデル作りも

ここまで法人のコンサルティングについて紹介してきましたが、個人のお客様からのご相談もあります。

コロナ感染拡大で経営的に大きな影響はないが、ひとまず融資を受けておきたいと考えているけれど、今まで借りたことがなく、どうやって融資の申請をすればいいかわからず相談したいとのことで対応させていただいた個人事業主の男性がいらっしゃいました。

いつも通りヒアリングシートを作ったところで、

「金融機関の人に質問されたときに備えて、自分の言葉で書きたい」

とのお申し出があり、彼が書いた融資申請書に手を入れて添削することにしました。

いわゆる融資申請書の「ビフォー・アフター」です。

彼の文章の言い回しが悲壮感に満ち、窮状を訴えかけ過ぎるきらいがあったことは先にも書きました。たとえ本当に困窮していてもそれを前面に出し過ぎてはいけませんし、反対に余裕たっぷりの文章でもいけません。金融機関の人間が自然と融資をしたくなるような文章にすることが大事です。

この方のケースでは、このほかにもビジネスモデル（商流図）を作成し、金融機関に提出しました。士業やコンサルタントの方の仕事はなかなかわかりにくい場合が多いので、サービスや仕事の内容を商流やお金の流れで図示し、説明することにより、金融機関の方が「こういう風に売り上げを上げていくんですね」とわかるような資料をつけるのです。

これをつけるのとつけないのとでは印象は大きく違ってきます。口頭で数字の根拠を説明してても理解してもらいづらい業種は、稟議《りんぎ》書に添付できる「形」にし、「こういう仕組みなので、売り上げが上げられます」と示すことで、その数字の信憑《しんぴょう》性を担保します。

本来であれば銀行の担当者がヒアリングしてそれを文章なり図にし、稟議書につけたり、支店長や融資担当役席に説明する資料を作成してくれたりすればいいのですが、銀行員もなかなかそんな時間も手間もありませんので、彼らがわかるように代わりに作ります。

また、このようなビジネスモデルの作成は、経営計画を改善するためにも有効です。これが本当に実現可能なビジネスモデルか否かを徹底的に議論・分析し、売り上げを上げるためにどういう戦略をとっていけばいいのかの相談にものります。その結果、やるべきことが明確になり、具体的な行動が取れるので売り上げアップにもつながります。

実際、この方は予想以上の額の融資が通ったことに加え、ビジネスモデルをもとにしたディスカッションで戦略を練り直した結果、これまでの安定した業績に加え、新たなビジネスモデルの構築に専念することができるようになりました。

## 人事コンサルタント融資申請書アフター

【現在の経営環境と資金使途について】
今般の新型コロナウィルスの影響にて、2社のコンサルティング顧問契約の解除がありました。(3月まで契約)
⇒当面の間（訪問再開）まで顧問料支払い停止を余儀なくされました。
また、緊急事態宣言を受けて、4月から開催予定だった〇〇研修を延期とし、
事が落ち着くまでは開催できないために、再開するまでは月会費を徴収できない状況です。
支払いの面では、営業活動に使うための自社ホームページとチラシの制作が始まっております。
そちらの制作費が待ったなしという状況で、このままだと経営が困難になります。
⇒ホームページ、チラシに関してはコロナ終息後の、売上確保のためにも準備期間として必要なコンテンツであり、本件融資により当面の売上減少とコンテンツ制作費等支払いに充当いたします。
以下削除
【融資を受けたうえでの具体的方針】
新型コロナウィルスの影響で落ち込んでいる間の固定費の支払いと、
ホームページ・チラシ作成代金に充当し、状況回復を待ちます。
【資金使途】
・固定費（最低限かかるもの）
広告費（年間契約）※円（〇〇広告：支払先A社）
交通費　※円
消耗品費　※円
通信費　※円
人件費　※
小計〇〇円×6カ月= 4,500,000円
・ホームページ・チラシ作成代金　総額50万円+税別途請求書参照）
合計：5,050,000円
【修復後、売上回復の理由】
通常時：顧問契約収入月額△△万円（訪問再開後、〇〇万円復活）
本来4月以降：顧問契約収入月額△△万円+〇〇研修△△万円（月3万円×5名= 15万円）=合計△△万円
見込4月以降：顧問契約収入月額△△万円（〇再開までなし）+〇〇研修万円（〇の再開まで）=合計△△万円

上記の通り、〇〇の再開後は最低でも月額△△万円の安定収入は確保されるので、
返済に関しては問題ありません。

【令和1年の確定申告について】
令和1年は人事コンサルティングに必要な研修を多数受講し、
確定申告上は△万円の利益となっていますが、今年度以降は研修費に関しての支出予定はありません。
別紙の収支計画書の通り、今年度以降は堅実に経営していきます。

## 人事コンサルタント融資申請書アフター

収支計画書作成のポイントはビジネスモデルを基に
明確な根拠かつ実現可能で具体的な数値を入力すること。

参考資料

### 収支計画書

取引先名：○○　　（作成日 令和2・4・　）　　（単位：円）

| | | 平31／　期 12 実績 | 比率 | 令2／　期 12 予想 | 比率 | 令3／　期 12 予想 | 比率 | 令4／　期 12 予想 | 比率 |
|---|---|---|---|---|---|---|---|---|---|
| 売上高 | | | | | | | | | |
| 売上総利益 | （平均月商） | | | | | | | | |
| | | | | | | | | | |
| | | | | | | | | | |
| | 材料費 | | | | | | | | |
| | 労務費 | | | | | | | | |
| | 外注費 | | | | | | | | |
| | 経費計 | | | | | | | | |
| | 製造原価 | 0 | 0.0 | 0 | 0.0 | 0 | 0.0 | 0 | 0.0 |
| | 商品仕入原価 | 367,194 | 2.3 | 300,000 | 2.4 | | | | |
| | 売上原価計 | 367,194 | 2.3 | 300,000 | 2.4 | | | | |
| | 物品税 | | | | | | | | |
| | 割賦販売未実現利益 | | | | | | | | |
| | 計 | | | | | 17,350,000 | 97.5 | 17,500,000 | 97.2 |
| 営業利益 | 一般管理販売費計 | | | | | 15,000,000 | 84.3 | 15,000,000 | 83.3 |
| | （人件費） | | | | | 7,000,000 | 39.3 | 7,000,000 | 38.9 |
| | （うち研修費） | 3,850,000 | 24.5 | | | | | | |
| | （　） | | | | | | | | |
| | 計 | (616,153) | -3.9 | (1,560,000) | -12.2 | | | | |
| 営業外損益 | 営業外収益計 | | | | | | | | |
| | （受取利息配当金） | | | | | | | | |
| | （　） | | | | | | | | |
| | 営業外費用計 | | | | | | | | |
| | （支払利息・割引料） | | | | | | | | |
| | （　） | | | | | | | | |
| 経常利益 | | | | | | | | | |
| 特別損益 | 特別利益 | | | | | | | | |
| | （　） | | | | | | | | |
| | 特別損失 | | | | | | | | |
| | （　） | | | | | | | | |
| 当期利益 | 税引前当期利益 | | | | | | | | |
| | 納税充当金 | | | | | | | | |
| | | | | | | | | | |
| | 当期利益 | | | | | | | | |
| 参考 | 減価償却実施額 | | | | | | | | |
| | | | | | | | | | |

算出根拠

平成31～令和1年については
人事コンサルティングに必要な
研修費用を経費計上させため
マイナス決算となりました。
今後は研修費の支出予定はなく
本件融資で資金繰りをつなぎ
通常営業に戻れば、予定通りの
収入確保を見込んでおります
主な収入源
・顧問契約
・講座集客による受講料収入と
　顧問契約

※研修費がない平成30年決算は黒字

[特記事項]

## 人事コンサルタント資金繰り表

収支計画書を基に整合性のある数値を入力することがポイント

参考資料

〇〇　（作成日 令和2·4·　）　（単位：千円）

| | | | 1月実績 | 2月実績 | 3月実績 | 4月予定 | 5月予定 | 6月予定 | 7月予定 | 8月予定 | 9月予定 | 10月予定 | 11月予定 | 12月予定 |
|---|---|---|---|---|---|---|---|---|---|---|---|---|---|---|
| 前月繰越金 A | | | [redacted] | | | | | | | | | | | |
| | | 現金回収① | 1,501,300 | 1,505,880 | 1,583,286 | 850,000 | 800,000 | 500,000 | 500,000 | 500,000 | 800,000 | 1,200,000 | 1,500,000 | 1,500,000 |
| 収 | 現 | 受手期日入金② | | | | ↑〇〇により50→35万円に、かつ〇〇の入金保留 | | | | | | ↑〇〇研修の再開で＋40万円 | | |
| | | | | | | | | | | | | | | |
| | 金 | | | | | | | | | | | | | |
| 入 | | 計 B | 1,501,300 | 1,505,880 | 1,583,286 | 850,000 | 800,000 | 500,000 | | | | | | |
| | 手形③ | | | | | | | | | | | | | |
| | | 現金支払④ | | | | | | | | | | | | |
| | 現 | 支手決済⑤ | | | | | | | | | | | | |
| 支 | | 人件費 | | | | | | | 300,000 | 300,000 | 300,000 | 500,000 | 500,000 | 500,000 |
| | | 諸経費 | | | | | | | | | | | | |
| | | その他 | | | | | | | 400,000 | 400,000 | 400,000 | 300,000 | 300,000 | 300,000 |
| | 金 | | | | | | | | | | | | | |
| | | 設備支払⑥ | | | | | | | | | | | | |
| | | 計 C | 1,341,936 | 1,350,371 | 1,289,172 | | | | | | | 1,300,000 | 1,300,000 | 1,300,000 |
| 出 | 手 | 営業分⑦ | | | | | | | | | | | | |
| | 形 | 設備分⑧ | | | | | | | | | | | | |
| | | 計⑨ | 0 | 0 | 0 | 0 | 0 | 0 | 0 | 0 | 0 | 0 | 0 | 0 |
| 営業収支 D＝B−C | | | 159,364 | 155,509 | 294,114 | (350,000) | (400,000) | (700,000) | | | | | | |
| | | 割引手形⑩ | | | | | | | | | | | | |
| | 収 | （うち本件） | | | | | | | | | | | | |
| | | 短期借入金 | | | | | | | | | | | | |
| 金 | | （うち本件） | | | | | | | | | | | | |
| | | 長期借入金 | | | | | 5,000,000 | | | | | | | |
| | | （うち本件） | | | | | | | | | | | | |
| | 入 | 定期預金等払出 | | | | | | | | | | | | |
| | | 計 E | 0 | 0 | 0 | 0 | 5,000,000 | 0 | 0 | 0 | 0 | 0 | 0 | 0 |
| | | 短期借入金返済 | | | | | | | | | | | | |
| | 支 | （うち当金庫） | | | | | | | | | | | | |
| 融 | | 長期借入金返済 | | | | | | | | | | | | |
| | | （うち当金庫） | | | | | | | | | | | | |
| | 出 | 定期預金等 | | | | | | | | | | | | |
| | | 計 F | 0 | 0 | 0 | 0 | 0 | 0 | 0 | 0 | 0 | 0 | 0 | 0 |
| 翌月繰越 A+D+E−F | | | [redacted] | | | | | | | | | | | |

## 人事コンサルタント ビジネスモデル図

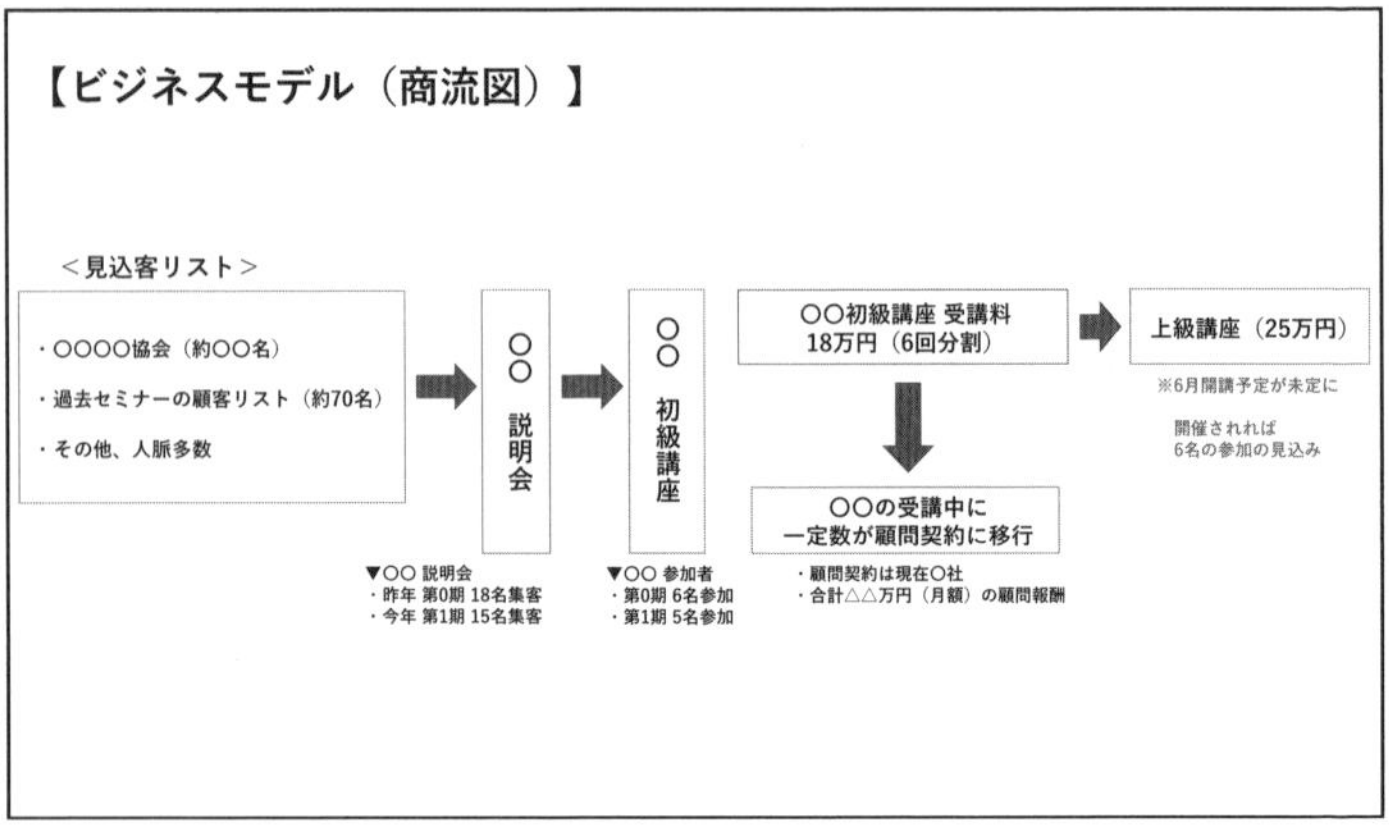

## ○オリジナル必殺サポートシートでこんなところまで対応

ここまでに何度か、「私のコンサルティングは、その方その方それぞれの状況・ケースに対応した**フルオーダーメイド方式**である」と申し上げてきました。

それはコンサルティングだけでなく、私の作る書類についても同様です。

金融機関に提出する場合はもちろんですが、提出しないものも含めて、経営者の方に現状を把握してもらったり、判断したりするのに必要な書類は通り一遍のものではなく、その企業、その経営者、その時期、その状況に合ったものを、わかりやすく作ることを意識しています。その中でも、とくにお客様から好評を得ている**オリジナル必殺サポートシート**を、ここでご紹介します。

まず、**オリジナル資金繰り表**があります。

こちらは金融機関に提出するものとは違い、経営者との打ち合わせに使います。私の資金繰り表は各銀行別に項目を立て、通帳の動きを全部載せて、お金の流れがひと目でわかるようになっています。それによって何にいくら使ったか、お金の流れが明確になります。

次に、保険資産を一覧できるようにした**オリジナル保険資産管理表**は、私の前職が保険営業マンだった強みを生かして作ったシートです。

保険ごとの証券番号、保険会社、被保険者、金額をはじめとして、保険を解約する時期ごとに、解約返戻金がいくらになるか、返戻率などを一覧にした表です。どの保険をいつどう使うのか、その時の益金にどう対処すべきかを明確にするシートです。

こちらも、なかなか全貌を把握しにくい保険を俯瞰《ふかん》できる方法として好評をいただいています。ほかに、不動産やゴルフ会員権などの資産がある場合は、それ用に作ることもあります。

また、前期と今期を比べて見ることができる比較損益計算書もあります。こちらは、比較貸借対照表、比較損益計算書　経営諸比率表、キャッシュフロー、試算表で構成されています。私が銀行員時代から使っているもので、前期と今期の違いが一目瞭然でわかります。

金融機関では、

「なぜ、去年よりこの数字がこんなに大きくなっているのか」

「なぜ、前期にくらべてこの勘定科目が少なくなっているのか」

など前期と今期の数字の大きな違いについて疑問を持ちます。そのポイントを見落とさないためのシートです。

ほかに、実態バランスシートも作成します。

実態バランスシートとは、決算書の貸借対照表に、簿価そのままと、時価（実態）に引き直したものを並べた表です。会社の実質自己資本がいくらあるのかを見るために使います。

金融機関は、経営者個人の住宅ローンなどの負債や個人資産も合算して実質自己資本を計算します。金融機関は、いくら事業性評価で融資するといっても将来にばかり目を向けているわけではなく、過去どんな業績を挙げてきたのかの実績も見ています。その時どこを見るかのひとつに自己資本があります。

実態バランスシートは、自己資本を明確にするために必要なシートで、通常、決算書の数字を入れて格付けの数字を出すケースが多いようですが、実際に銀行の格付けに一番近い数字を反映させています。

また、このたび弊社は、国が認定する**「認定経営革新等支援機関」**としても認定される予定です（2021年取得予定）。

「認定経営革新等支援機関」とは、中小企業や小規模事業者の支援にかかわる実務経験や専門性が一定レベル以上の者が認定される制度のことで、弊社はその中の「経営改善計画策定支援事業」「早期経営改善計画策定支援事業」を行います。この認定を受けることは、弊社が中小企業・小規模事業者の経営者の皆さんから安心してご相談いただける会社であることの証明のひとつになります。また、中小企業・小規模事業者の皆さまにとっては、長期に渡って専門家の経営改善のアドバイスが受けられ、その結果、経営が安定するなどのメリットもあります。

マニュアル通りの書類を作成し、「こんな数字になりました」という単なる結果の報告ではなく、その数字から読み取れる問題や課題を明確にし、その実数字をもとに今後どうすべきかを経営者と共に考える。資金繰りを改善させるために、お客様の気づかないような、さらに言うと、新たな気づきが得られるような細かなところまで踏み込んで実態を浮き彫りにしていくからこそ、お金の流れがよくなると思っています。

以上が、私の通常行うコンサルティング業務の流れと、過去にコンサルティングをさせていただいた方の実例・解説です。

ぜひ、皆さんの今後の経営に役立てていただければと思います。

# オリジナル資金繰り表

| | | | | | | | | | | | | | |
|---|---|---|---|---|---|---|---|---|---|---|---|---|---|
| 前月繰越残高 | | | | 0 | 0 | 0 | 0 | 0 | 0 | 0 | 0 | 0 | 0 |
| | | | 1月 | 2月 | 3月 | 4月 | 5月 | 6月 | 7月 | 8月 | 9月 | 10月 | 11月 |
| 収　入 | 【銀行】 | | | | | | | | | | | | |
| | 【銀行】 | | | | | | | | | | | | |
| | 【借金】 | | | | | | | | | | | | |
| 収　入　合　計　① | | | 0 | 0 | 0 | 0 | 0 | 0 | 0 | 0 | 0 | 0 | 0 |
| 支　出 | 【銀行】 | | | | | | | | | | | | |
| | | | | | | | | | | | | | |
| | | | | | | | | | | | | | |
| | | | | | | | | | | | | | |
| | | | | | | | | | | | | | |
| | | | | | | | | | | | | | |
| | | | | | | | | | | | | | |
| | | | | | | | | | | | | | |
| | | | | | | | | | | | | | |
| | | | | | | | | | | | | | |
| | | | | | | | | | | | | | |
| | | | | | | | | | | | | | |
| | | | | | | | | | | | | | |
| | | | | | | | | | | | | | |
| | | | | | | | | | | | | | |
| | | | | | | | | | | | | | |
| | | | | | | | | | | | | | |
| | | | | | | | | | | | | | |
| | | | | | | | | | | | | | |
| | | | | | | | | | | | | | |
| | | | | | | | | | | | | | |
| | | | | | | | | | | | | | |
| | | | | | | | | | | | | | |
| | 【銀行】 | | | | | | | | | | | | |
| | | | | | | | | | | | | | |
| | 【借金】 | | | | | | | | | | | | |
| | | | | | | | | | | | | | |
| | | | | | | | | | | | | | |
| | | | | | | | | | | | | | |
| | | | | | | | | | | | | | |
| | 借入金返済 | | | | | | | | | | | | |
| 支　出　合　計　② | | | 0 | 0 | 0 | 0 | 0 | 0 | 0 | 0 | 0 | 0 | 0 |
| 現　金　収　支　③（①－②） | | | 0 | 0 | 0 | 0 | 0 | 0 | 0 | 0 | 0 | 0 | 0 |
| 預金取崩・保険解約等雑収入 | | | | | | | | | | | | | |
| 資　金　調　達 | | | | | | | | | | | | | |
| 現　金　収　支　④ | | | 0 | 0 | 0 | 0 | 0 | 0 | 0 | 0 | 0 | 0 | 0 |
| ○銀行積立 | | | | | | | | | | | | | |
| 積立含む預金残高合計 | | | 0 | 0 | 0 | 0 | 0 | 0 | 0 | 0 | 0 | 0 | 0 |
| 保　険　資　産 | | | 2019年 | 2020年 | 2021年 | 2022年 | 2023年 | 2024年 | 2025年 | 2026年 | 2027年 | 2028年 | 2029年 |
| | | | 万円 | 万円 | 万円 | 万円 | 万円 | 万円 | 万円 | 万円 | 万円 | 万円 | 万円 |

# 保険資産管理表①

| | | | | | | | | | | | |
|---|---|---|---|---|---|---|---|---|---|---|---|
| ① | 契約日2016年　月　日 | | | | | | | | | | |
| | 証券番号xxxxxxxxx | | | 2019年（3年） | | 2020年（4年） | | 2021　（5年） | | 2022年（6年） | |
| | 保険会社 | 被保険者 | 保険金額 | 解約返戻金 | 単純返礼率 | 解約返戻金 | 単純返礼率 | 解約返戻金 | 単純返礼率 | 解約返戻金 | 単純返礼率 |
| | S社 | ○○社長 | 3,000万円 | 286万円 | 69% | 408万円 | 74% | 532万円 | 77% | 657万円 | 79% |
| | 保険料 | 月払い | 114,450円 | （412万円） | | （549万円） | | （686万円） | | （824万円） | |
| | | | 資産計上 | | | | | | | | |
| | | | | 2023年（7年） | | 2024年（8年） | | 2025年（9年） | | 2026年（10年） | |
| | | | | 解約返戻金 | 単純返礼率 | 解約返戻金 | 単純返礼率 | 解約返戻金 | 単純返礼率 | 解約返戻金 | 単純返礼率 |
| | | | | 783万円 | 81% | 912万円 | 83% | 1,042万円 | 84% | 1,174万円 | 85% |
| | | | | （961万円） | | （1,098万円） | | （1,236万円） | | （1,373万円） | |
| ② | 契約日2016年　月　日 | | | | | | | | | | |
| | 証券番号xxxxxxxxx | | | 2019年（3年） | | 2020年（4年） | | 2021　（5年） | | 2022年（6年） | |
| | 保険会社 | 被保険者 | 保険金額 | 解約返戻金 | 単純返礼率 | 解約返戻金 | 単純返礼率 | 解約返戻金 | 単純返礼率 | 解約返戻金 | 単純返礼率 |
| | M社 | ○○社長 | 2,000万円 | 152万円 | 64% | 220万円 | 70% | 288万円 | 73% | 357万円 | 76% |
| | 保険料 | 月払い | 65,220円 | （234万円） | | （313万円） | | （391万円） | | （469万円） | |
| | | | 資産計上 | | | | | | | | |
| | | | | 2023年（7年） | | 2024年（8年） | | 2025年（9年） | | 2026年（10年） | |
| | | | | 解約返戻金 | 単純返礼率 | 解約返戻金 | 単純返礼率 | 解約返戻金 | 単純返礼率 | 解約返戻金 | 単純返礼率 |
| | | | | 427万円 | 78% | 498万円 | 79% | 569万円 | 80% | 642万円 | 82% |
| | | | | （547万円） | | （626万円） | | （704万円） | | （782万円） | |
| ③ | 契約日2015年　月　日 | | | | | | | | | | |
| | 証券番号xxxxxxxxx | | | 2019年（4年） | | 2020年（5年） | | 2021年（6年） | | 2022年（7年） | |
| | 保険会社 | 被保険者 | 保険金額 | 解約返戻金 | 単純返礼率 | 解約返戻金 | 単純返礼率 | 解約返戻金 | 単純返礼率 | 解約返戻金 | 単純返礼率 |
| | M社 | ○○社長 | 1,350万円 | 177万円 | 28% | 299万円 | 38% | 906万円 | 97% | 1,065万円 | 97% |
| | 保険料 | 年払い | 1,555,888円 | （622万円） | | （777万円） | | （933万円） | | （1,089万円） | |
| | | | 半分損金 | | | | | | | | |
| | | | | 2023年（8年） | | 2024年（9年） | | 2025年（10年） | | 2026年（11年） | |
| | | | | 解約返戻金 | 単純返礼率 | 解約返戻金 | 単純返礼率 | 解約返戻金 | 単純返礼率 | 解約返戻金 | 単純返礼率 |
| | | | | 1,226万円 | 98% | 1,370万円 | 97% | 1,488万円 | 95% | 1,562万円 | 91% |
| | | | | （1,244万円） | | （1,400万円） | | （1,555万円） | | （1,711万円） | |
| ④ | 契約日2016年9月1日 | | | | | | | | | | |
| | 証券番号xxxxxxxxx | | | 2019年（3年） | | 2020年（4年） | | 2021年（5年） | | 2022年（6年） | |
| | 保険会社 | 被保険者 | 保険金額 | 解約返戻金 | 単純返礼率 | 解約返戻金 | 単純返礼率 | 解約返戻金 | 単純返礼率 | 解約返戻金 | 単純返礼率 |
| | M社 | ○○社長 | 200,000米ドル | 28,934.37ドル | 77% | 40,442.25ドル | 80% | 52,274.16ドル | 83% | 64,449.67ドル | 86% |
| | 保険料 | 月払い | 1040.60ドル | （37,461.6ドル） | | （49,948.8ドル） | | （62,436ドル）　（686万円） | | （74,923.2ドル） | |
| | レート110円 | 保険金額 | 2,200万円 | | | | | | | | |
| | | 保険料 | 114,466円 | 023年（7年） | | 2024年（8年） | | 2025年（9年） | | 2026年（10年） | |
| | | | ※10年払込終 | 解約返戻金 | 単純返礼率 | 解約返戻金 | 単純返礼率 | 解約返戻金 | 単純返礼率 | 解約返戻金 | 単純返礼率 |
| | | | 資産計上 | 76,988.97ドル | 88% | 89,915.83ドル | 90% | 103,255.27ドル | 91% | 117,031.49ドル | 93% |
| | | | | （87,410.4ドル） | | （99,897.6ドル） | | （112,384.8ドル） | | （124,872ドル） | |
| | ＜その他解約返戻金なし＞ | | | | | | | | | | |

| | | | | | | |
|---|---|---|---|---|---|---|
| ⑤ | S社 | 契約日2019年　月　日 | 証券番号xxx | 保険金額5,000万円 | 期間65歳まで | 保険料年払い280,500円 |
| ⑥ | M社 | 医療保険 | 日額5,000円（120日型） | 介護一時金500万円 | 保険料年払い319,355円 | |
| ⑦ | M社 | ガン保険 | 日額30,000円（無制限） | 診断一時金200万円（上皮内の場合100万円） | 保険料月払い24,728円 | |

# 保険資産管理表②

| | | | | | | | | | | | | | | |
|---|---|---|---|---|---|---|---|---|---|---|---|---|---|---|
| 契約日2017年10月1日 | | | | | | | | | | | | | | |
| 証券番号xxxxxxxxx | | | 2019年（2年） | | | 2020年（3年） | | | 2021年（4年） | | | 2012年（5年） | | |
| 保険会社 | 被保険者 | 保険金額 | 解約返戻金 | 解約返戻金（円） | 単純返礼率 | 解約返戻金 | 解約返戻金（円） | 単純返礼率 | 解約返戻金 | 解約返戻金（円） | 単純返礼率 | 解約返戻金 | 解約返戻金（円） | 単純返礼率 |
| M社 | 従業員A | 50,000米ドル | 2,571.47ドル | 28万円 | 68% | 4,404.38ドル | 48万円 | 77% | 6,287.34ドル | 69万円 | 83% | 8,221.82ドル | 90万円 | 87% |
| 保険料 | 年払い | 1,887.65ドル | (3775.3ドル) | （41万円） | 136% | (5,662.95ドル) | （62万円） | 154% | (7,550.6ドル) | （83万円） | 166% | (9,438.25ドル) | （103万円） | 174.70% |
| レート110円 | 保険金額 | 550万円 | | | | | | | | | | | | |
| | 保険料 | 207,641円 | 2023年（6年） | | | 2024年（7年） | | | 2025年（8年） | | | 2026年（9年） | | |
| | | | 解約返戻金 | 解約返戻金（円） | 単純返礼率 | 解約返戻金 | 解約返戻金（円） | 単純返礼率 | 解約返戻金 | 解約返戻金（円） | 単純返礼率 | 解約返戻金 | 解約返戻金（円） | 単純返礼率 |
| | | 半分損金 | 10,208.99ドル | 112万円 | 90% | 12,251.36ドル | 134万円 | 92% | 14,351.10ドル | 157万円 | 94% | 16,510.13ドル | 181万円 | 97% |
| | | | (11,325.9ドル) | （124万円） | 180% | 13,213.55ドル | （145万円） | 184% | (15,101.2ドル) | （166万円） | 189% | 16,988.85ドル | （186万円） | 194% |
| 契約日2017年10月1日 | | | | | | | | | | | | | | |
| 証券番号xxxxxxxxx | | | 2019年（2年） | | | 2020年（3年） | | | 2021年（4年） | | | 2012年（5年） | | |
| 保険会社 | 被保険者 | 保険金額 | 解約返戻金 | 解約返戻金（円） | 単純返礼率 | 解約返戻金 | 解約返戻金（円） | 単純返礼率 | 解約返戻金 | 解約返戻金（円） | 単純返礼率 | 解約返戻金 | 解約返戻金（円） | 単純返礼率 |
| M社 | 従業員B | 50,000米ドル | 7,090.07ドル | 77万円 | 81% | 11,288.53ドル | 124万円 | 87% | 15,612.53ドル | 171万円 | 90% | 20,067.91ドル | 220万円 | 93% |
| 保険料 | 年払い | 4,308.70ドル | (8,617.4ドル) | （94万円） | 163% | (12,926.1ドル) | （142万円） | 174% | (17,234.8ドル) | （189万円） | 180% | (21,543.5ドル) | （236万円） | 186% |
| レート110円 | 保険金額 | 550万円 | | | | | | | | | | | | |
| | 保険料 | 473,957円 | 2023年（6年） | | | 2024年（7年） | | | 2025年（8年） | | | 2026年（9年） | | |
| | | | 解約返戻金 | 解約返戻金（円） | 単純返礼率 | 解約返戻金 | 解約返戻金（円） | 単純返礼率 | 解約返戻金 | 解約返戻金（円） | 単純返礼率 | 解約返戻金 | 解約返戻金（円） | 単純返礼率 |
| | | 半分損金 | 24,662.23ドル | 271万円 | 95% | 29,404.33ドル | 323万円 | 97% | 34,305.13ドル | 377万円 | 99% | 39,377.20ドル | 433万円 | 101% |
| | | | (25,852.2ドル) | （284万円） | 190% | (30,160.9ドル) | （331万円） | 195% | (34,469.6ドル) | （379万円） | 190% | (38,778.3ドル) | （426万円） | 203% |
| 契約日2017年10月1日 | | | | | | | | | | | | | | |
| 証券番号xxxxxxxxx | | | 2019年（2年） | | | 2020年（3年） | | | 2021年（4年） | | | 2012年（5年） | | |
| 保険会社 | 被保険者 | 保険金額 | 解約返戻金 | 解約返戻金（円） | 単純返礼率 | 解約返戻金 | 解約返戻金（円） | 単純返礼率 | 解約返戻金 | 解約返戻金（円） | 単純返礼率 | 解約返戻金 | 解約返戻金（円） | 単純返礼率 |
| M社 | 従業員C | 50,000米ドル | 8,004.24ドル | 88万円 | 83% | 12,682.61ドル | 139万円 | 88% | 17,503.40ドル | 192万円 | 91% | 22,474.81ドル | 247万円 | 94% |
| 保険料 | 年払い | 4,781.60ドル | (9,563.2ドル) | （105万円） | 167% | (14,344.8ドル) | （157万円） | 177% | (19,126.4ドル) | （210万円） | 182% | (23908.0ドル) | （262万円） | 188% |
| レート110円 | 保険金額 | 550万円 | | | | | | | | | | | | |
| | 保険料 | 525,976円 | 2023年（6年） | | | 2024年（7年） | | | 2025年（8年） | | | 2026年（9年） | | |
| | | | 解約返戻金 | 解約返戻金（円） | 単純返礼率 | 解約返戻金 | 解約返戻金（円） | 単純返礼率 | 解約返戻金 | 解約返戻金（円） | 単純返礼率 | 解約返戻金 | 解約返戻金（円） | 単純返礼率 |
| | | 半分損金 | 27,606.43ドル | 303万円 | 96% | 32,910.09ドル | 362万円 | 98% | 38,399.43ドル | 422万円 | 100% | 44,090.23ドル | 484万円 | 102% |
| | | | (28,689.6ドル) | （315万円） | 192% | (33,471.2ドル) | （368万円） | 196% | (38,252.8ドル) | （420万円） | 200% | (43,034.4ドル) | （473万円） | 204% |
| 契約日2017年10月1日 | | | | | | | | | | | | | | |
| 証券番号xxxxxxxxx | | | 2019年（2年） | | | 2020年（3年） | | | 2021年（4年） | | | 2012年（5年） | | |
| 保険会社 | 被保険者 | 保険金額 | 解約返戻金 | 解約返戻金（円） | 単純返礼率 | 解約返戻金 | 解約返戻金（円） | 単純返礼率 | 解約返戻金 | 解約返戻金（円） | 単純返礼率 | 解約返戻金 | 解約返戻金（円） | 単純返礼率 |
| M社 | 従業員D | 50,000米ドル | 2,397.97ドル | 26万円 | 66% | 4,138.60ドル | 45万円 | 76% | 5,925.29ドル | 65万円 | 82% | 7,758.67ドル | 85万円 | 86% |
| 保険料 | 年置い | 1,818.15ドル | (3,636.3ドル) | （39万円） | 132% | (5,454.45ドル) | （59万円） | 152% | (7,272.6ドル) | （79万円） | 164% | (9,090.75ドル) | （99万円） | 172% |
| レート110円 | 保険金額 | 550万円 | | | | | | | | | | | | |
| | 保険料 | 119,996円 | 2023年（6年） | | | 2024年（7年） | | | 2025年（8年） | | | 2026年（9年） | | |
| | | | 解約返戻金 | 解約返戻金（円） | 単純返礼率 | 解約返戻金 | 解約返戻金（円） | 単純返礼率 | 解約返戻金 | 解約返戻金（円） | 単純返礼率 | 解約返戻金 | 解約返戻金（円） | 単純返礼率 |
| | | 半分損金 | 9,639.55ドル | 106万円 | 89% | 11,569.76ドル | 127万円 | 91% | 13,551.64ドル | 149万円 | 93% | 15,586.92ドル | 171万円 | 95% |
| | | | (10,908.9ドル) | （119万円） | 178% | 12,727.05ドル | （139万円） | 182% | (14,545.2ドル) | （159万円） | 186% | 16,363.35ドル | （179万円） | 190% |

## 商品別年計グラフ＿２期

年7月1日　～　年6月30日

○○株式会社

商品別比較

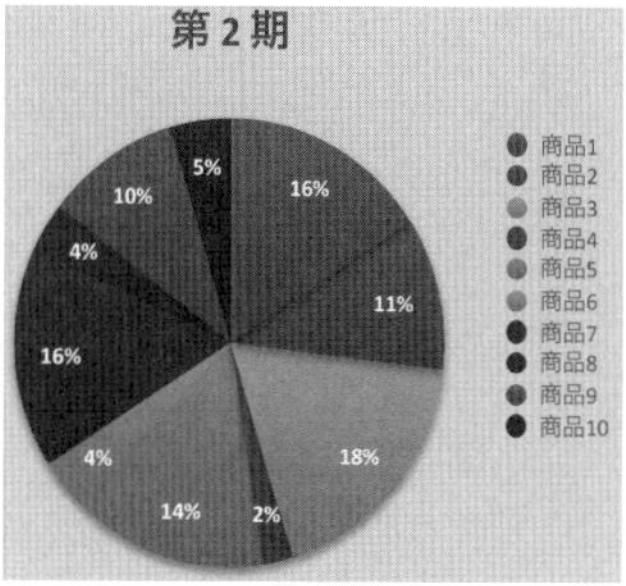


年7月1日　～　年6月30日

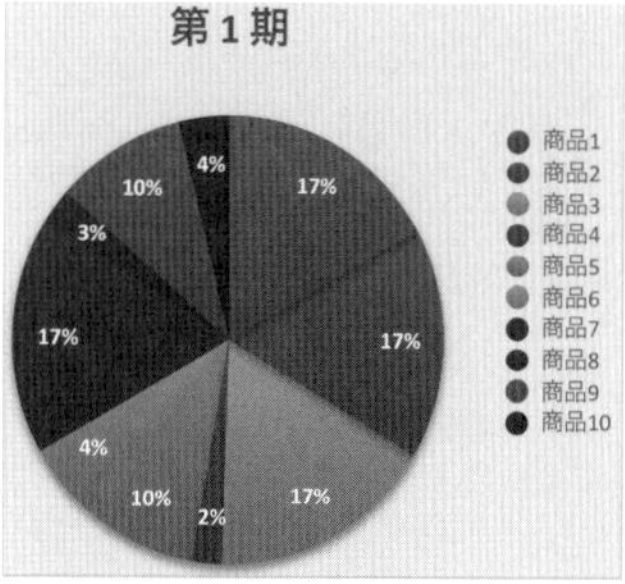


| | 第２期 | 第１期 | 合計 |
|---|---|---|---|
| 商品1 | 40,800 | 62,600 | 103,400 |
| 商品2 | 28,400 | 61,600 | 90,000 |
| 商品3 | 47,200 | 63,000 | 110,200 |
| 商品4 | 5,800 | 8,400 | 14,200 |
| 商品5 | 37,000 | 35,500 | 72,500 |
| 商品6 | 10,600 | 16,300 | 26,900 |
| 商品7 | 40,800 | 63,500 | 104,300 |
| 商品8 | 9,400 | 9,600 | 19,000 |
| 商品9 | 26,000 | 36,000 | 62,000 |
| 商品10 | 11,800 | 14,400 | 26,200 |

## 年計グラフ（店舗別）＿２期

年7月1日　～　年6月30日

○○株式会社

店舗別比較

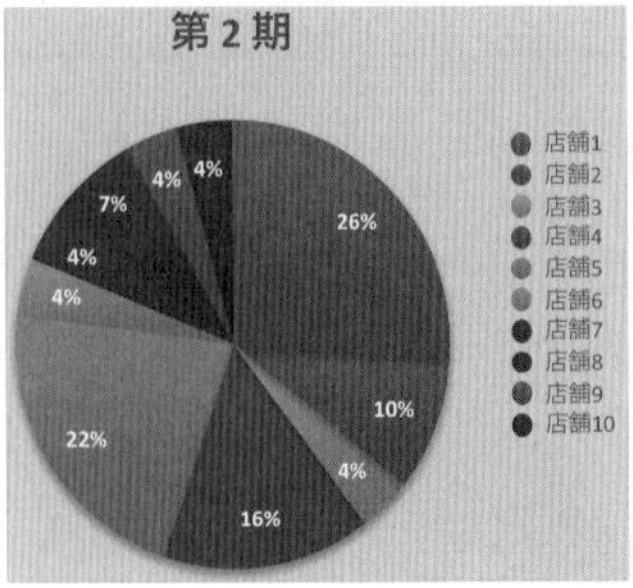


年7月1日　～　年6月30日

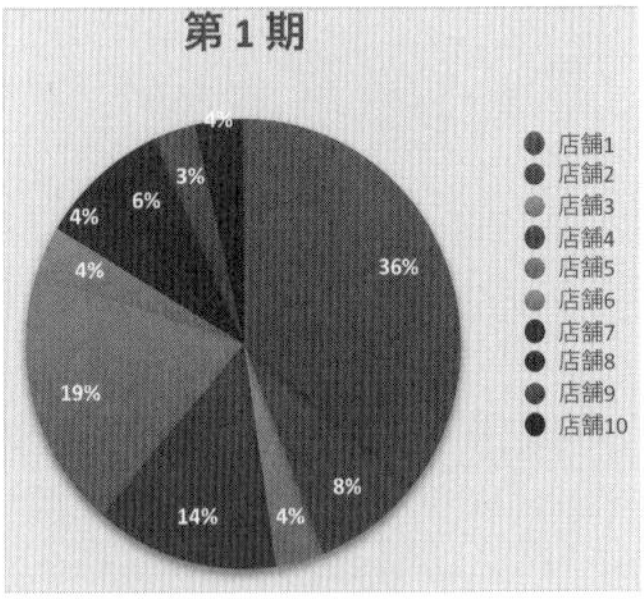


| | 第２期 | 第１期 | 合計 |
|---|---|---|---|
| 店舗1 | 1,080,000 | 1,720,000 | 2,800,000 |
| 店舗2 | 400,000 | 400,000 | 800,000 |
| 店舗3 | 166,000 | 172,000 | 338,000 |
| 店舗4 | 644,000 | 656,000 | 1,300,000 |
| 店舗5 | 906,000 | 898,000 | 1,804,000 |
| 店舗6 | 172,000 | 172,000 | 344,000 |
| 店舗7 | 166,000 | 172,000 | 338,000 |
| 店舗8 | 278,000 | 293,000 | 571,000 |
| 店舗9 | 162,000 | 150,000 | 312,000 |
| 店舗10 | 172,000 | 172,000 | 344,000 |

## 年計グラフ（部門別）＿２期

年7月1日　～　年6月30日

○○株式会社

部門別比較

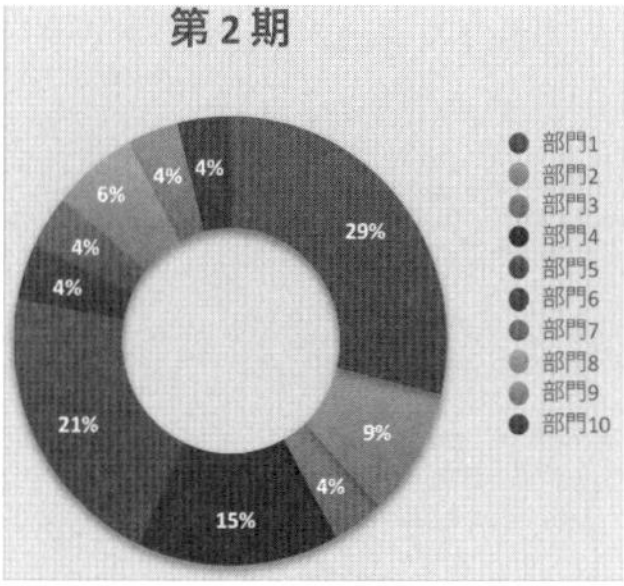


年7月1日　～　年6月30日

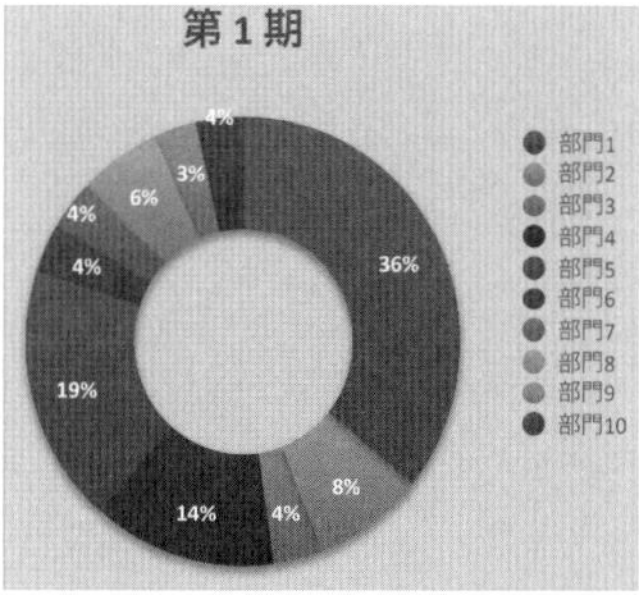


| | 第２期 | 第１期 | 合計 |
|---|---|---|---|
| 部門1 | 1,240,000 | 1,720,000 | 2,960,000 |
| 部門2 | 400,000 | 400,000 | 800,000 |
| 部門3 | 166,000 | 172,000 | 338,000 |
| 部門4 | 644,000 | 656,000 | 1,300,000 |
| 部門5 | 906,000 | 898,000 | 1,804,000 |
| 部門6 | 172,000 | 172,000 | 344,000 |
| 部門7 | 166,000 | 172,000 | 338,000 |
| 部門8 | 278,000 | 293,000 | 571,000 |
| 部門9 | 162,000 | 150,000 | 312,000 |
| 部門10 | 172,000 | 172,000 | 344,000 |

# 比較損益計算書

## 比較損益計算書 経営諸比率表

（決算期： 1月）

社名 0

1．損益計算書

（単位：千円）

| 項目＼決算期 | | 自24年2月 至25年1月 | 自25年2月 至26年1月 | 比較増減(△) |
|---|---|---|---|---|
| 純売上高 | 67 | 2,458,701 | 6,435,271 | 3,976,570 |
| 売上原価 | 68 | 2,372,340 | 6,243,159 | 3,870,819 |
| 売上総利益 | 69 | 86,361 | 192,112 | 105,751 |
| 販売費・一般管理費 | 70 | 83,505 | 182,211 | 98,706 |
| 営業利益 | 71 | 2,856 | 9,901 | 7,045 |
| 営業外収益 | 72 | 4,521 | 17,278 | 12,757 |
| （内受取利息・配当金） | 73 | 10 | 900 | 890 |
| 営業外費用 | 74 | 4,077 | 4,906 | 829 |
| （内支払利息・割引料） | 75 | 3,535 | 3,882 | 347 |
| 経常利益 | 76 | 3,300 | 22,273 | 18,973 |
| 特別利益 | 77 | | | 0 |
| 特別損失 | 78 | | 389 | 389 |
| 特定引当金 | 79 | | | 0 |
| 税引前当期利益 | 80 | 3,300 | 21,884 | 18,584 |
| 法人税等引当額 | 81 | 64 | 6,870 | 6,806 |
| 当期利益 | 82 | 3,236 | 15,014 | 11,778 |
| 前期繰越利益 | 83 | 2,085 | 5,321 | 3,236 |
| 過年度税効果調整額 | 84 | | | 0 |
| 中間配当額 | 85 | | | 0 |
| 中間配当に係る利益準備 | 86 | | | 0 |
| 当期未処分利益 | 87 | 5,321 | 20,335 | 15,014 |
| （課税標準額） | 88 | | | 0 |
| 積立金取崩額 | 89 | | | 0 |
| 計(87＋89) | 90 | 5,321 | 20,335 | 15,014 |
| 利益処分 配当金 | 91 | | | 0 |
| 利益処分 利益準備金 | 92 | | | 0 |
| 利益処分 任意積立金 別途積立金 | 93 | | | 0 |
| 利益処分 任意積立金 | 94 | | | 0 |
| 役員賞与金 | 95 | | | 0 |
| 次期繰越利益 | 96 | 5,321 | 20,335 | 15,014 |

| | 項目＼決算期 | 自24年2月 至25年1月 | 自25年2月 至26年1月 | 比較増減(△) |
|---|---|---|---|---|
| 償却状況 | 普通償却額 | 967 | 5,823 | 4,856 |
| 償却状況 | （法定償却限度） | | | 0 |
| 償却状況 | 特別償却額 | | | 0 |
| 償却状況 | 有税償却額 | | | 0 |
| 償却状況 | 償却額合計 | 967 | 5,823 | 4,856 |
| （償却方法） | | 定率法 | | |
| 広義の内部留保額 | 当期利益 | 3,236 | 15,014 | 11,778 |
| 広義の内部留保額 | 償却額 | 967 | 5,823 | 4,856 |
| 広義の内部留保額 | 価格変動準備金純増減 | | | 0 |
| 広義の内部留保額 | 貸倒引当金純増減 | | | 0 |
| 広義の内部留保額 | | | | 0 |
| | 差引計 | 4,203 | 20,837 | 16,634 |
| 70の内訳 | 給料手当て | 8,729 | 24,433 | 15,704 |
| 70の内訳 | 役員報酬 | 13,600 | 20,200 | 6,600 |
| 70の内訳 | 地代家賃 | 27,049 | 38,389 | 11,340 |
| 70の内訳 | 支払手数料 | 7,955 | 51,035 | 43,080 |
| 72の内訳 | 受取利息配当金 | 10 | 900 | 890 |
| 72の内訳 | 雑収入 | 4,510 | 16,379 | 11,869 |
| 72の内訳 | | | | 0 |
| 72の内訳 | | | | 0 |
| 74の内訳 | 支払利息割引料 | 3,535 | 2,882 | ▲ 653 |
| 74の内訳 | 雑損失 | 541 | 1,023 | 482 |
| 74の内訳 | | | | 0 |
| 74の内訳 | | | | 0 |
| 77の内訳 | 固定資産売却益 | | | 0 |
| 77の内訳 | その他 | | | 0 |
| 77の内訳 | | | | 0 |
| 78の内訳 | 固定資産除却損 | | | 0 |
| 78の内訳 | 役員退職慰労金 | | | 0 |
| 78の内訳 | その他 | | | 0 |

2.経営諸比率

| | | 項目 | 25月2月期 | 26年1月期 | 比較増減(△) | 指標 |
|---|---|---|---|---|---|---|
| 総合収益性 | 1 | 総資本営業利益率 | 0.85% | 1.67% | 0.82% | |
| 総合収益性 | 2 | 総資本回転率 | 7.28 | 10.83 | 3.55 | |
| 総合収益性 | 3 | 売上高営業利益率 | 0.12% | 0.15% | 0.04% | |
| 総合収益性 | 4 | 売上高総利益率 | 3.51% | 2.99% | −0.53% | |
| 総合収益性 | 5 | 売上高経常利益率 | 0.13% | 0.35% | 0.21% | |
| 財務 | 6 | 流動比率 | 279.53% | 160.42% | −119.11% | |
| 財務 | 7 | 当座比率 | 135.99% | 67.21% | −68.78% | |
| 財務 | 8 | 固定比率 | 87.55% | 138.41% | 50.86% | |
| 財務 | 9 | 固定長期適合率 | 6.05% | 16.80% | 10.75% | |
| 財務 | # | 負債比率 | 2104.41% | 1858.20% | −246.21% | |
| 財務 | # | 売上債権回転率 | 92.78 | 124.05 | 31.27 | |
| 財務 | # | 商品回転率 | 18.63 | 22.49 | 3.86 | |

参考事項

# 比較貸借対照表

比　較　貸　借　対　照　表

（決算期：　1 月）

社名　　　　　　　　　　　　　　　　　　　　0

（単位：千円）

| 区分 | 資産の部　決算期 | No. | 25月2月期 | 26年1月期 | 比較増減(△) | 区分 | 負債・資本の部　決算期 | No. | 25月2月期 | 26年1月期 | 比較増減(△) |
|---|---|---|---|---|---|---|---|---|---|---|---|
| 当 | 現金・預金 | 1 | 131,284 | 179,412 | 48,128 | 支 | 支払手形 | 34 | | | 0 |
| 座 受 | 受取手形 | 2 | | | 0 | 払 | 買掛金 | 35 | 53,373 | 121,458 | 68,085 |
| 資 取 | 売掛金 | 3 | 26,500 | 51,878 | 25,378 | 流 勘 | | 36 | | | 0 |
| 流 産 勘 | 短期貸付金 | 4 | | | 0 | 定 | 計 | 37 | 53,373 | 121,458 | 68,085 |
| 定 | 計 | 5 | 26,500 | 51,878 | 25,378 | | （割引手形） | 38 | | | 0 |
| | 計 | 6 | 157,784 | 231,290 | 73,506 | 動 | 短期借入金 | 39 | | | 0 |
| 動 棚 | 商品（製品） | 7 | 131,997 | 286,132 | 154,135 | | 1年以内返済長期 | 40 | | | 0 |
| 卸 | 原材料 | 8 | | | 0 | | 未払金 | 41 | | 23,237 | 23,237 |
| 資 | 仕掛品 | 9 | | | 0 | 負 | 未払費用 | 42 | | | 0 |
| 資 産 | | 10 | | | 0 | | 前受金 | 43 | 62,500 | 192,325 | 129,825 |
| | 計 | 11 | 131,997 | 286,132 | 154,135 | | 預り金 | 44 | 87 | 234 | 147 |
| そ | 前渡金 | 12 | 5,000 | 2,595 | ▲ 2,405 | 債 | 未払法人税等 | 45 | 64 | 6,865 | 6,801 |
| 産 の | 未収入金 | 13 | 25,805 | 31,719 | 5,914 | | その他流動負債 | 46 | | | 0 |
| 他 | 前払費用 | 14 | 3,738 | 804 | ▲ 2,934 | | 小　計 | 47 | 116,024 | 344,119 | 228,095 |
| | 貸倒引当金 | 15 | | ▲ 490 | ▲ 490 | 固 | 社債 | 48 | | | 0 |
| | 計 | 16 | 34,543 | 34,628 | 85 | 定 | 長期借入金 | 49 | 205,159 | 192,342 | ▲ 12,817 |
| | 小計 | 17 | 324,324 | 552,050 | 227,726 | 負 | リース債務 | 50 | 219 | 26,678 | 26,459 |
| 固 | 建物・構築物 | 18 | | 838 | 838 | 債 | 長期未払金 | 51 | 1,015 | 564 | ▲ 451 |
| 有 | リース資産 | 19 | 209 | 29,573 | 29,364 | | 小　計 | 52 | 206,393 | 219,584 | 13,191 |
| 形 | 車輌運搬具 | 20 | 330 | | ▲ 330 | 特 | 価格変動準備金 | 53 | | | 0 |
| 定 固 | 工具器具備品 | 21 | | | 0 | 別 | 特別修繕引当金 | 54 | | | 0 |
| 定 | 土地 | 22 | | | 0 | 引 | | 55 | | | 0 |
| 資 | 建設仮勘定 | 23 | | | 0 | 当金 | 小　計 | 56 | 0 | 0 | 0 |
| 資 産 | 造作 | 24 | | | 0 | | 資本金 | 57 | 10,000 | 10,000 | 0 |
| | 計 | 25 | 539 | 30,411 | 29,872 | 法定 | 資本準備金 | 58 | | | 0 |
| | 無形固定資産 | 26 | 25 | 25 | 0 | 資 準備 | 利益準備金 | 59 | | | 0 |
| 産 | 投資（保証金他） | 27 | 12,850 | 11,553 | ▲ 1,297 | 金 | 計 | 60 | 0 | 0 | 0 |
| | 小　計 | 28 | 13,414 | 41,989 | 28,575 | 剰 | 任意積立金 | 61 | | | 0 |
| 繰 | | 29 | | | 0 | 余 | 当期未処分利 | 62 | 5,321 | 20,336 | 15,015 |
| 延 | | 30 | | | 0 | 本 金 | （内当期利益） | 63 | | | 0 |
| 資 | | 31 | | | 0 | | 計 | 64 | 5,321 | 20,336 | 15,015 |
| 産 | 小　計 | 32 | 0 | 0 | 0 | | 小　計 | 65 | 15,321 | 30,336 | 15,015 |
| | 合　計 | 33 | 337,738 | 594,039 | 256,301 | | 合　計 | 66 | 337,738 | 594,039 | 256,301 |

（注）

| No. | 資産 | | | | No. | 負債 | | | |
|---|---|---|---|---|---|---|---|---|---|
| 1 | 子会社に対する短期金銭債権 | | | | 1 | 子会社に対する短期金銭債務 | | | |
| 2 | 短期金銭債権に対する貸倒引当 | | | | 2 | 子会社に対する長期金銭債務 | | | |
| 3 | 子会社に対する長期金銭債権 | | | | 3 | 取締役および監査役に対する金銭債務 | | | |
| 4 | 長期金銭債権に対する貸倒引当 | | | | 4 | 保証債務、手形遡求債務 | | | |
| 5 | 取締役及び監査役に対する金銭債権 | | | | 5 | | | | |
| 6 | 有形固定資産に対する減価償却累計 | | | | 6 | | | | |
| 7 | 担保に供されている資産（うち譲渡担保手形） | | | | 7 | | | | |

参考（1）：金融機関格付け評価得点換算表

# 格付け評価得点換算表

安全性

| 自己資本比率 | | 得点 |
|---|---|---|
| 15.0% | 未満 | 0 |
| 15.0% | 以上 | 1 |
| 20.0% | 以上 | 2 |
| 25.0% | 以上 | 3 |
| 30.0% | 以上 | 4 |
| 35.0% | 以上 | 5 |
| 40.0% | 以上 | 6 |
| 45.0% | 以上 | 7 |

| ギアリング比率 | | 得点 |
|---|---|---|
| 50.0% | 未満 | 9 |
| 50.0% | 以上 | 8 |
| 75.0% | 以上 | 7 |
| 100.0% | 以上 | 6 |
| 125.0% | 以上 | 5 |
| 150.0% | 以上 | 4 |
| 175.0% | 以上 | 3 |
| 200.0% | 以上 | 2 |
| 225.0% | 以上 | 1 |
| 250.0% | 以上 | 0 |

| 流動比率 | | 得点 |
|---|---|---|
| 80.0% | 未満 | 0 |
| 80.0% | 以上 | 1 |
| 95.0% | 以上 | 2 |
| 120.0% | 以上 | 3 |
| 145.0% | 以上 | 4 |
| 160.0% | 以上 | 5 |

収益性

| 売上高経常利益率 | | 得点 |
|---|---|---|
| 2.0% | 未満 | 0 |
| 2.0% | 以上 | 1 |
| 3.0% | 以上 | 2 |
| 4.0% | 以上 | 3 |
| 5.0% | 以上 | 4 |
| 6.0% | 以上 | 5 |

| 総資本経常利益率 | | 得点 |
|---|---|---|
| 0.5% | 未満 | 0 |
| 0.5% | 以上 | 1 |
| 3.3% | 以上 | 2 |
| 6.1% | 以上 | 3 |
| 8.9% | 以上 | 4 |
| 12.0% | 以上 | 5 |

| 当期利益 | | 得点 |
|---|---|---|
| 1,000千円 | 未満 | 0 |
| 1,000千円 | 以上 | 1 |
| 5,000千円 | 以上 | 2 |
| 9,000千円 | 以上 | 3 |
| 13,000千円 | 以上 | 4 |
| 17,000千円 | 以上 | 5 |

成長性

| 売上高増加率 | | 得点 |
|---|---|---|
| 1.0% | 未満 | 0 |
| 1.0% | 以上 | 1 |
| 1.6% | 以上 | 2 |
| 2.1% | 以上 | 3 |
| 2.7% | 以上 | 4 |
| 3.2% | 以上 | 5 |
| 3.9% | 以上 | 6 |
| 4.4% | 以上 | 7 |
| 5.0% | 以上 | 8 |

| 経常利益増加率 | | 得点 |
|---|---|---|
| 1.0% | 未満 | 0 |
| 1.0% | 以上 | 1 |
| 1.4% | 以上 | 2 |
| 1.9% | 以上 | 3 |
| 2.3% | 以上 | 4 |
| 2.8% | 以上 | 5 |
| 3.2% | 以上 | 6 |
| 3.7% | 以上 | 7 |
| 4.1% | 以上 | 8 |
| 4.6% | 以上 | 9 |
| 5.0% | 以上 | 10 |

| 純資産増加率 | | 得点 |
|---|---|---|
| 1.0% | 未満 | 0 |
| 1.0% | 以上 | 1 |
| 1.7% | 以上 | 2 |
| 2.3% | 以上 | 3 |
| 3.0% | 以上 | 4 |
| 3.7% | 以上 | 5 |
| 4.3% | 以上 | 6 |
| 5.0% | 以上 | 7 |

返済能力

| 債務償還年数 | | 得点 |
|---|---|---|
| 2年 | 未満 | 15 |
| 2年 | 以上 | 14 |
| 4年 | 以上 | 13 |
| 6年 | 以上 | 12 |
| 8年 | 以上 | 11 |
| 12年 | 以上 | 10 |
| 16年 | 以上 | 9 |
| 20年 | 以上 | 8 |
| 28年 | 以上 | 7 |
| 35年 | 以上 | 6 |
| 43年 | 以上 | 5 |
| 50年 | 以上 | 4 |
| 91年 | 以上 | 3 |
| 132年 | 以上 | 2 |
| 173年 | 以上 | 1 |
| 215年 | 以上 | 0 |

| ｲﾝﾀﾚｽﾄ･ｶﾊﾞﾚｯｼﾞ･ﾚｼｵ | | 得点 |
|---|---|---|
| 1.0 | 未満 | 0 |
| 1.0 | 以上 | 1 |
| 2.3 | 以上 | 2 |
| 3.6 | 以上 | 3 |
| 4.9 | 以上 | 4 |
| 6.1 | 以上 | 5 |
| 7.4 | 以上 | 6 |
| 8.7 | 以上 | 7 |
| 10.0 | 以上 | 8 |

| 償却前営業利益率 | | 得点 |
|---|---|---|
| 1.0% | 未満 | 0 |
| 1.0% | 以上 | 1 |
| 1.2% | 以上 | 2 |
| 1.4% | 以上 | 3 |
| 1.7% | 以上 | 4 |
| 1.9% | 以上 | 5 |
| 2.1% | 以上 | 6 |
| 2.7% | 以上 | 7 |
| 3.4% | 以上 | 8 |
| 4.0% | 以上 | 9 |
| 5.0% | 以上 | 10 |
| 6.1% | 以上 | 11 |
| 7.1% | 以上 | 12 |
| 9.7% | 以上 | 13 |
| 12.3% | 以上 | 14 |
| 15.0% | 以上 | 15 |

出典：「経営革新計画認定支援機関理論研修資料」

## 参考（2）：金融機関格付け評価計算シート（今期）

| 領域 | 分析項目 | 分析公式 | 計算式 | 分析値 | 点 |
|---|---|---|---|---|---|
| 安全性 | 自己資本比率 | 自己資本 / 総資本 ×100 | ―――― × 100 | % | 点 |
| | ギアリング比率 | 他人資本 / 自己資本 ×100 | ―――― × 100 | % | 点 |
| | 流動比率 | 流動資産 / 流動負債 ×100 | ―――― ×100 | % | 点 |
| 安全性計 | | | | | 点 |
| 収益性 | 売上高経常利益率 | 経常利益 / 売上高 ×100 | ―――― × 100 | % | 点 |
| | 総資本経常利益率 | 経常利益 / 平均総資本 ×100 | ―――― × 100 | % | 点 |
| | 税引前当期利益 | 税引前当期純利益 | | 千円 | 点 |
| 収益性計 | | | | | 点 |
| 成長性 | 売上高増加率 | (今期売上高 / 前期売上高 - 1)×100 | ―――― ×100 | % | 点 |
| | 経常利益増加率 | (今期経常利益 / 前期経常利益 - 1)×100 | ―――― ×100 | % | 点 |
| | 純資産増加率 | (今期純資産 / 前期純資産 - 1)×100 | ―――― ×100 | % | 点 |

| | |
|---|---|
| 債務者区分 | |
| 格付け | |

| 債務者区分（注1） | 格付（注2） | | |
|---|---|---|---|
| 正常先 | A1 | 90点以上 ～ | 100点以下 |
| | A2 | 77点以上 ～ | 90点未満 |
| | A3 | 65点以上 ～ | 77点未満 |
| | A4 | 52点以上 ～ | 65点未満 |
| | A5 | 40点以上 ～ | 52点未満 |
| 要注意先 | B | 30点以上 ～ | 40点未満 |
| 破綻懸念先 | C | 20点以上 ～ | 30点未満 |
| 実質破綻先，破綻先 | D | 0点以上 ～ | 20点未満 |

# 実態バランスシート

社名（　　　　　）　　　　年　月決算　　　　（単位 百万円）

| | 資産 | | | | | | 負債 | | | | |
|---|---|---|---|---|---|---|---|---|---|---|---|
| | 科目 | 簿価 | 実質価格 | 含み損益 | 控除理由・特記事項 | | 科目 | 簿価 | 実質価格 | 含み損益 | 控除理由・特記事項 |
| 1 | 現金・預金 | 179 | 179 | 0 | | (1) | 買掛金 | 122 | 122 | 0 | |
| 2 | 受取手形 | | 0 | 0 | | (2) | 借入金 | | 0 | 0 | |
| 3 | 売掛金<br>工事未収入金 | 51 | 51 | 0 | | (3) | 未払金 | 23 | 23 | 0 | |
| 4 | 棚卸資産 | 286 | 286 | 0 | | (4) | | | 0 | 0 | |
| 5 | 貸付金 | | 0 | 0 | | (5) | その他流動負債 | 200 | 200 | 0 | |
| 6 | 未収入金 | 32 | 24 | ▲8 | | (6) | 長期借入金 | 192 | 192 | 0 | |
| 7 | | | 0 | 0 | | (7) | その他固定負債 | 27 | 27 | 0 | |
| 8 | その他流動資産 | 4 | 4 | 0 | | (8) | | | 0 | 0 | |
| 固定資産 9 | 営業用 不動産 | | 0 | 0 | | (9) | | | 0 | 0 | |
| 10 | その他 | 30 | 30 | 0 | | (10) | | | 0 | 0 | |
| 11 | 営業外 不動産 | | 0 | 0 | | (11) | | | 0 | 0 | |
| 12 | その他 | | 0 | 0 | | (12) | | | 0 | 0 | |
| 13 | 車両・運搬具 | | 0 | 0 | | (13) | 負債合計 | 564 | 564 | 0 | |
| 14 | 投資有価証券 | 12 | 12 | 0 | | (14) | 資本金 | | 0 | | |
| 15 | 繰延資産他 | | 0 | 0 | | (15) | 剰余金＋準備金 | F 30 | 22 | ▲8 | |
| 16 | | | 0 | 0 | | (16) | 資本計 | 30 | D 22 | E ▲8 | |
| 17 | **資産合計** | 594 | 586 | ▲8 | | (17) | **負債・資本合計** | 594 | 586 | ▲8 | |
| 18 | 資産合計<br>除く営業用<br>固定資産含み損益 | 594 | 586 | ▲8 | | (18) | 資本計（除く営業用固定資産含み損益） | 30 | A 22 | C ▲8 | |

代表者かつ保証人　　氏名（　　　　　）

| | 科目 | 時価 | 実質価格 | 調整額 | 控除理由・特記事項 | | 科目 | 時価 | 実質価格 | 調整額 | 控除理由・特記事項 |
|---|---|---|---|---|---|---|---|---|---|---|---|
| 19 | 預金 | 20 | 20 | 0 | | (19) | 借入金 | 60 | 60 | 0 | |
| 20 | 貸付金 | | 0 | 0 | | (20) | | | 0 | 0 | |
| 21 | 有価証券 | | 0 | 0 | | (21) | | | 0 | 0 | |
| 22 | 不動産 | 60 | 60 | 0 | | (22) | | | 0 | 0 | |
| 23 | その他固定資産 | | 0 | 0 | | (23) | | | 0 | 0 | |
| 24 | 車両・運搬具 | | 0 | 0 | | (24) | 負債合計 | 60 | 60 | 0 | |
| 25 | | | 0 | 0 | | (25) | 純資産 | 20 | B 20 | 0 | |
| 27 | **資産合計** | 80 | 80 | 0 | | (26) | **負債・純資産計** | 80 | 80 | 0 | |

＜参考＞

| | |
|---|---|
| 実態含み損益（B+E） | 12 |
| 実質剰余金（B+E+F） | 42 |
| 実質自己資本（D+B） | 42 |

＊営業用固定資産の含み損益を含む（破綻懸念先以下に使用）

| | |
|---|---|
| 実態含み損益（B＋C） | 12 |
| 実質剰余金（B+C+F） | 42 |
| 実質自己資本（A＋B） | 42 |

＊営業用固定資産の含み損益を含まない（正常先・要注意先・要管理先に使用）

# 不動産担保物件一覧表

不動産担保物件一覧表

| 所在地 | 種類・構造 | 面積 | 名義人 | 債務者 | 設定順位・設定者・設定種類・設定金額 |
|---|---|---|---|---|---|
| | | | | | |
| | | | | | |
| | | | | | |
| | | | | | |
| | | | | | |
| | | | | | |
| | | | | | |
| | | | | | |
| | | | | | |
| | | | | | |

# 経営指標分析　業界平均と比較して客観的に自社の立ち位置を分析します。

## 分析結果（前期）

株式会社 〇〇商会
28期 経営力得点

| | 項目 | 計算項目 | 金額 | 計算結果 | 点数 | 単位 | 0点 | 20点 | 40点 | 60点 | 80点 | 100点 |
|---|---|---|---|---|---|---|---|---|---|---|---|---|
| 安全性 | 自己資本比率 | 自己資本 | 25,597 | 14.5 | 19.3 | % | 0 | 15 | 30 | 45 | 58 | 70 |
| | | 総資本 | 176,893 | | | | | | | | | |
| | 流動比率 | 流動資産 | 133,030 | 164.4 | 88.8 | % | 80 | 95 | 120 | 145 | 160 | 170 |
| | | 流動負債 | 80,896 | | | | | | | | | |
| | 従業員定着率 | 期中離職者数 | 0.0 | 100.0 | 100.0 | % | 70 | 75 | 80 | 85 | 90 | 95 |
| | | 平均従業者数 | 16.0 | | | | | | | | | |
| | | | | 69.4点 | | | | | | | | |
| 収益性 | 損益分岐点比率 | 損益分岐点売上高 | 449,339 | 97.6 | 19.2 | % | 100 | 97.5 | 92.5 | 87.5 | 82.5 | 77.5 |
| | | 売上高 | 460,414 | | | | | | | | | |
| | 売上高経常利益率 | 経常利益 | 3,119 | 0.7 | 7.0 | % | 0 | 2 | 4 | 6 | 8 | 10 |
| | | 売上高 | 460,414 | | | | | | | | | |
| | 総資本経常利益率 | 経常利益 | 3,119 | 1.8 | 24.0 | % | 0 | 1.5 | 3 | 7 | 15 | 21 |
| | | 平均総資本 | 174,099 | | | | | | | | | |
| | | | | 16.7点 | | | | | | | | |
| 循環性 | 買入債務回転期間：売上債権回転期間 | 売上債権回転期間 | 65.5 | 1.6 | 4.0 | 1：X | 1.6 | 1.45 | 1.25 | 1 | 0.83 | 0.71 |
| | | 買入債務回転期間 | 41.6 | | | | | | | | | |
| | 投資回収年月 | 固定資産＋繰延資産 | 43,863 | 14.4 | 13.8 | 年 | 18 | 12.8 | 9 | 5 | 3 | 0 |
| | | 自己金融 | 3,040 | | | | | | | | | |
| | 総資本回転率 | 売上高 | 460,414 | 2.6 | 100.0 | 回 | 0.7 | 0.8 | 1.1 | 1.4 | 1.7 | 2 |
| | | 平均総資本 | 174,100 | | | | | | | | | |
| | | | | 39.3点 | | | | | | | | |
| 成長性 | 過去３年売上高増加率 | 今期売上高 | 460,414 | 5.2 | 40.7 | % | 0 | 2 | 5 | 10 | 15 | 25 |
| | | 前期売上高 | 438,313 | | | | | | | | | |
| | | 前々期売上高 | 416,212 | | | | | | | | | |
| | 過去３年限界利益増加率 | 今期限界利益 | 122,194 | 5.3 | 41.0 | % | 0 | 2 | 5 | 10 | 15 | 25 |
| | | 前期限界利益 | 115,276 | | | | | | | | | |
| | | 前々期限界利益 | 110,296 | | | | | | | | | |
| | 過去３年自己資本増加率 | 今期自己資本 | 25,597 | 2.2 | 21.5 | % | 0 | 2 | 5 | 10 | 15 | 25 |
| | | 前期自己資本 | 25,646 | | | | | | | | | |
| | | 前々期自己資本 | 24,507 | | | | | | | | | |
| | | | | 34.4点 | | | | | | | | |
| 創造性 | 限界利益労働生産性 | 限界利益 | 122,194 | 636.4 | 42.4 | 千円 | 300 | 400 | 600 | 900 | 1200 | 1500 |
| | | 平均従業者数 | 16.0 | | | | | | | | | |
| | 一人当たり人件費 | 人件費合計 | 81,354 | 423.7 | 64.7 | 千円 | 250 | 300 | 350 | 400 | 500 | 600 |
| | | 平均従業者数 | 16.0 | | | | | | | | | |
| | 限界利益労働分配率 | 人件費合計 | 81,354 | 66.6 | 0.0 | % | 65 | 60 | 55 | 50 | 45 | 40 |
| | | 限界利益 | 122,194 | | | | | | | | | |
| | | | | 35.7点 | | | | | | | | |
| 五領域総合得点 | | | | 39.1点 | | | | | | | | |
| 参考 | 過去３年総資本増加率 | 今期総資本 | 176,893 | 2.4 | % | 平均総資本 174,100 | | | | | | |
| | | 前期総資本 | 171,306 | | | | | | | | | |
| | | 前々期総資本 | 169,014 | | | | | | | | | |

| | |
|---|---|
| 限界利益労働生産性 | 7,637 |
| 資本集約度 | 10,881 |
| 資本投資効率 | 70.2% |
| 労働装備率 | 1,520 |
| 一人当たり売上高 | 28,776 |
| 平均有形固定資産 | 24,318 |
| 設備投資効率 | 502.5% |

## 分析結果（今期）

株式会社 〇〇商会
29期 経営力得点

| | 項目 | 計算項目 | 金額 | 計算結果 | 点数 | 単位 | 0点 | 20点 | 40点 | 60点 | 80点 | 100点 |
|---|---|---|---|---|---|---|---|---|---|---|---|---|
| 安全性 | 自己資本比率 | 自己資本 | 20,501 | 12.3 | 16.4 | % | 0 | 15 | 30 | 45 | 58 | 70 |
| | | 総資本 | 166,264 | | | | | | | | | |
| | 流動比率 | 流動資産 | 128,318 | 155.4 | 73.9 | % | 80 | 95 | 120 | 145 | 160 | 170 |
| | | 流動負債 | 82,563 | | | | | | | | | |
| | 従業員定着率 | 期中離職者数 | 0.0 | 100.0 | 100.0 | % | 70 | 75 | 80 | 85 | 90 | 95 |
| | | 平均従業者数 | 16.0 | | | | | | | | | |
| | | | | 63.4点 | | | | | | | | |
| 収益性 | 損益分岐点比率 | 損益分岐点売上高 | 476,907 | 102.4 | 0.0 | % | 100 | 97.5 | 92.5 | 87.5 | 82.5 | 77.5 |
| | | 売上高 | 465,888 | | | | | | | | | |
| | 売上高経常利益率 | 経常利益 | -2,786 | -0.6 | 0.0 | % | 0 | 2 | 4 | 6 | 8 | 10 |
| | | 売上高 | 465,888 | | | | | | | | | |
| | 総資本経常利益率 | 経常利益 | -2,786 | -1.6 | 0.0 | % | 0 | 1.5 | 3 | 7 | 15 | 21 |
| | | 平均総資本 | 171,578 | | | | | | | | | |
| | | | | 0.0点 | | | | | | | | |
| 循環性 | 買入債務回転期間：売上債権回転期間 | 売上債権回転期間 | 66.0 | 1.7 | 0.0 | 1：X | 1.6 | 1.45 | 1.25 | 1 | 0.83 | 0.71 |
| | | 買入債務回転期間 | 39.7 | | | | | | | | | |
| | 投資回収年月 | 固定資産＋繰延資産 | 37,946 | -16.3 | 0.0 | 年 | 18 | 12.8 | 9 | 5 | 3 | 0 |
| | | 自己金融 | -2,332 | | | | | | | | | |
| | 総資本回転率 | 売上高 | 465,888 | 2.7 | 100.0 | 回 | 0.7 | 0.8 | 1.1 | 1.4 | 1.7 | 2 |
| | | 平均総資本 | 171,579 | | | | | | | | | |
| | | | | 33.3点 | | | | | | | | |
| 成長性 | 過去３年売上高増加率 | 今期売上高 | 465,888 | 3.1 | 27.5 | % | 0 | 2 | 5 | 10 | 15 | 25 |
| | | 前期売上高 | 460,414 | | | | | | | | | |
| | | 前々期売上高 | 438,313 | | | | | | | | | |
| | 過去３年限界利益増加率 | 今期限界利益 | 115,010 | 0.1 | 0.6 | % | 0 | 2 | 5 | 10 | 15 | 25 |
| | | 前期限界利益 | 122,194 | | | | | | | | | |
| | | 前々期限界利益 | 115,276 | | | | | | | | | |
| | 過去３年自己資本増加率 | 今期自己資本 | 20,501 | -10.1 | 0.0 | % | 0 | 2 | 5 | 10 | 15 | 25 |
| | | 前期自己資本 | 25,597 | | | | | | | | | |
| | | 前々期自己資本 | 25,646 | | | | | | | | | |
| | | | | 9.4点 | | | | | | | | |
| 創造性 | 限界利益労働生産性 | 限界利益 | 115,010 | 599.0 | 39.9 | 千円 | 300 | 400 | 600 | 900 | 1200 | 1500 |
| | | 平均従業者数 | 16.0 | | | | | | | | | |
| | 一人当たり人件費 | 人件費合計 | 82,811 | 431.3 | 66.3 | 千円 | 250 | 300 | 350 | 400 | 500 | 600 |
| | | 平均従業者数 | 16.0 | | | | | | | | | |
| | 限界利益労働分配率 | 人件費合計 | 82,811 | 72.0 | 0.0 | % | 65 | 60 | 55 | 50 | 45 | 40 |
| | | 限界利益 | 115,010 | | | | | | | | | |
| | | | | 35.4点 | | | | | | | | |
| 五領域総合得点 | | | | 28.3点 | | | | | | | | |
| 参考 | 過去３年総資本増加率 | 今期総資本 | 166,264 | -1.4 | % | 平均総資本 171,579 | | | | | | |
| | | 前期総資本 | 176,893 | | | | | | | | | |
| | | 前々期総資本 | 171,306 | | | | | | | | | |

| | |
|---|---|
| 限界利益労働生産性 | 7,188 |
| 資本集約度 | 10,724 |
| 資本投資効率 | 67.0% |
| 労働装備率 | 1,091 |
| 一人当たり売上高 | 29,118 |
| 平均有形固定資産 | 17,450 |
| 設備投資効率 | 659.1% |

# ３期比較表

**５領域 指標の推移**

| 領域 | 項目 | 計算項目 | 28期 計算結果 | 28期 得点 | 29期 計算結果 | 29期 点数 | 比較 計算結果 | 比較 得点 |
|---|---|---|---|---|---|---|---|---|
| 安全性 | 自己資本比率 | 自己資本<br>総資本 | 14.5 | 19.3 | 12.3 | 16.4 | -2.2 | -2.9 |
| | 流動比率 | 流動資産<br>流動負債 | 164.4 | 88.8 | 155.4 | 73.9 | -9.0 | -14.9 |
| | 従業員定着率 | 期中離職者数<br>平均従業者数 | 100.0 | 100.0 | 100.0 | 100.0 | 0.0 | 0.0 |
| | | | 69.4点 | | 63.4点 | | -6.0点 | |
| 収益性 | 損益分岐点比率 | 損益分岐点売上高<br>売上高 | 97.6 | 19.2 | 102.4 | 0.0 | 4.8 | -19.2 |
| | 売上高経常利益率 | 経常利益<br>売上高 | 0.7 | 7.0 | -0.6 | 0.0 | -1.3 | -7.0 |
| | 総資本経常利益率 | 経常利益<br>平均総資本 | 1.8 | 24.0 | -1.6 | 0.0 | -3.4 | -24.0 |
| | | | 16.7点 | | 0.0点 | | -16.7点 | |
| 循環性 | 買入債務回転期間<br>：売上債権回転期間 | 売上債権回転期間<br>買入債務回転期間 | 1.57 | 4.0 | 1.66 | 0.0 | 0.09 | -4.0 |
| | 投資回収年月 | 固定資産＋繰延資産<br>自己金融 | 14.4 | 13.8 | -16.3 | 0.0 | -30.7 | -13.8 |
| | 総資本回転率 | 売上高<br>平均総資本 | 2.6 | 100.0 | 2.7 | 100.0 | 0.1 | 0.0 |
| | | | 39.3点 | | 33.3点 | | -6.0点 | |
| 成長性 | 過去３年売上高増加率 | 今期売上高<br>前期売上高<br>前々期売上高 | 5.2 | 40.7 | 3.1 | 27.5 | -2.1 | -13.2 |
| | 過去３年限界利益増加率 | 今期限界利益<br>前期限界利益<br>前々期限界利益 | 5.3 | 41.0 | 0.1 | 0.6 | -5.2 | -40.4 |
| | 過去３年自己資本増加率 | 今期自己資本<br>前期自己資本<br>前々期自己資本 | 2.2 | 21.5 | -10.1 | 0.0 | -12.3 | -21.5 |
| | | | 34.4点 | | 9.4点 | | -25.0点 | |
| 創造性 | 限界利益労働生産性 | 限界利益<br>平均従業者数 | 636.4 | 42.4 | 599.0 | 39.9 | -37.4 | -2.5 |
| | 一人当たり人件費 | 人件費合計<br>平均従業者数 | 423.7 | 64.7 | 431.3 | 66.3 | 7.6 | 1.6 |
| | 限界利益労働分配率 | 人件費合計<br>限界利益 | 66.6 | 0.0 | 72.0 | 0.0 | 5.4 | 0.0 |
| | | | 35.7点 | | 35.4点 | | -0.3点 | |
| 五領域総合得点 | | | 39.1点 | | 28.3点 | | -10.8点 | |
| 参考 | 過去３年総資本増加率 | 今期総資本<br>前期総資本<br>前々期総資本 | 2.4 | % | -1.4 | % | -3.8 | - |

# 4－1変動 PL

株式会社 ○○

変動損益計算書

（単位：千円）

| 勘定科目 | | 計算式 | 27期 | | 28期 | | 29期 | | 差異 | |
|---|---|---|---|---|---|---|---|---|---|---|
| | | | 金額 | 売上比 | 金額 | 売上比 | 金額 | 売上比 | 金額 | 伸び率 |
| 売上高 | | (1) | 438,313 | 100.0% | 460,414 | 100.0% | 465,888 | 100.0% | 5,474 | 1.2% |
| 変 | 材料費 | ① | | 0.0% | | 0.0% | | 0.0% | 0 | |
| 変 | 外注費 | ② | | 0.0% | | 0.0% | | 0.0% | 0 | |
| 変 | 商品売上原価※1 | ③ | 323,037 | 73.7% | 338,200 | 73.5% | 350,878 | 75.3% | 12,678 | 3.7% |
| 動 | その他変動費 | ④ | | 0.0% | | 0.0% | | 0.0% | 0 | |
| 動 | | ⑤ | | 0.0% | | 0.0% | | 0.0% | 0 | |
| 動 | | ⑥ | | 0.0% | | 0.0% | | 0.0% | 0 | |
| 費 | 製造棚卸増減※2 | ⑦ | | 0.0% | | 0.0% | | 0.0% | 0 | |
| 費 | (①：④)計+⑤+⑥−⑦ | (2) | 323,037 | 73.7% | 338,200 | 73.5% | 350,878 | 75.3% | 12,678 | 3.7% |
| 限界利益 | | (3)=(1)-(2) | 115,276 | 26.3% | 122,214 | 26.5% | 115,010 | 24.7% | -7,204 | -5.9% |
| （限界利益率） | | (4)=(3)/(1) | 26.3% | - | 26.5% | - | 24.7% | - | -1.8% | - |
| 固 | 製造原価の人件費(労務費) | ⑧ | | 0.0% | | 0.0% | | 0.0% | 0 | |
| 固 | 一般管理費の人件費 | ⑨ | | 0.0% | 81,354 | 17.7% | | 0.0% | -81,354 | -100% |
| 固 | 製造原価の固定費 | ⑩ | | 0.0% | | 0.0% | | 0.0% | 0 | |
| 定 | 一般管理費の固定費 | ⑪ | | 0.0% | 34,092 | 7.4% | | 0.0% | -34,092 | -100% |
| 定 | 営業外収益 | ⑫ | | 0.0% | 880 | 0.2% | 882 | 0.2% | 2 | 0% |
| 費 | 営業外費用 | ⑬ | | 0.0% | 4,509 | 1.0% | 4,244 | 0.9% | -265 | -6% |
| 費 | 製造棚卸増減※3 | ⑭ | | 0.0% | | 0.0% | | 0.0% | 0 | |
| 費 | (⑧：⑪)計−⑫+⑬−⑭ | (5) | 112,446 | 25.7% | 119,075 | 25.9% | 3,362 | 0.7% | -115,713 | -97% |
| 経常利益 | | (6)=(3)-(5) | 2,830 | 0.6% | 3,139 | 0.7% | 111,648 | 24.0% | 108,509 | 3457% |
| 損益分岐点売上高 | | (7)=(5)/(4) | 427,552 | - | 449,339 | - | 476,907 | - | 27,568 | - |
| 損益分岐点率 | | (8)=(7)/(1) | 97.5% | - | 97.6% | - | 102.4% | - | 4.8% | - |
| 経営安全率 | | (9)=100-(8) | 2.5% | - | 2.4% | - | -2.4% | - | -4.8% | - |

※1 商品売上原価＝期首商品棚卸高＋当期商品仕入高－期末商品棚卸高　（：損益計算書より）
仕入値引きがある場合は控除すること。

※2 ※3 仕掛品在庫増減額および製品在庫増減額を変動費、固定費に按分計算する。シート”製造棚卸増減”にて計算すること。

# 5支払回収

株式会社 ○○

支払と回収のバランス分析

| | 単位 | 27期 | 28期 | 29期 | 差異 |
|---|---|---|---|---|---|
| 売上高 | 千円 | － | | | 0 |
| 売上債権勘定(1) | 千円 | － | | | 0 |
| 棚卸資産勘定(2) | 千円 | － | | | 0 |
| 回収勘定　(1)+(2) | 千円 | － | 0 | 0 | 0 |
| 仕入高(含む外注費) | 千円 | － | | | 0 |
| 売上原価 | 千円 | － | | | 0 |
| 買入債務勘定 | 千円 | － | | | 0 |
| 売上債権回転期間① | 日 | | | | 0.0 |
| 棚卸資産回転期間② | 日 | | | | 0.0 |
| 回収勘定回転期間③=①+② | 日 | | 0.0 | 0 | 0.0 |
| 買入債務回転期間④ | 日 | | | | 0.0 |
| 回収と支払の開差⑤=④-③ | 日 | | 0.0 | 0.0 | 0.0 |

売上債権 ＝ 売掛金 ＋ 受取手形(含む割引手形) － 前受金 ＋ 裏書手形
棚卸資産 ＝ 商品 ＋ 製品 ＋ 原材料 ＋ 貯蔵品 ＋ 仕掛品　など
買入債務 ＝ 買掛金 ＋ 支払手形(除く車輌など設備手形) - 前渡金 ＋ 譲渡手形

# 6－1CF（前期）

貸借対照表 の2期間 推移　（単位：千円）

| 区分 | 科目 | 27期 | 28期 | 差異（今期−前期） | # |
|---|---|---|---|---|---|
| 資産の部 流動資産 | 現金預金 | 12,894 | 14,545 | 1,651 | ◎ |
| | 売上債権 | 70,453 | 82,602 | 12,149 | A |
| | 棚卸資産 | 23,567 | 27,215 | 3,648 | B |
| | 有価証券 | | | 0 | C |
| | 短期貸付金 | 7,520 | 6,888 | ▲ 632 | D |
| | 繰延税金資産 | | | 0 | - |
| | その他流動資産 | 3,800 | 3,780 | ▲ 20 | F |
| | 貸倒引当金 | ▲ 2,000 | ▲ 2,000 | 0 | G |
| | 計 | 116,234 | 133,030 | 16,796 | - |
| 固定資産 | 有形固定資産 | 29,922 | 18,713 | ▲ 11,209 | H |
| | 無形固定資産 | 300 | 300 | 0 | I |
| | 投資有価証券 | 11,000 | 11,000 | 0 | J |
| | その他投資 | 13,850 | 13,850 | 0 | K |
| | 長期貸付金 | | | 0 | L |
| | 繰延税金資産 | | | 0 | - |
| | 貸倒引当金 | | | 0 | M |
| | 計 | 55,072 | 43,863 | ▲ 11,209 | - |
| | 繰延資産 | 0 | 0 | 0 | N |
| | 計 | 171,306 | 176,893 | 5,587 | - |
| 負債・純資産の部 流動負債 | 買入債務 | 38,294 | 39,005 | 711 | O |
| | 短期借入金 | 18,559 | 23,759 | 5,200 | P |
| | 割引手形 | 0 | 15,740 | 15,740 | Q |
| | 引当金 | | | 0 | R |
| | 未払法人税等 | 3,000 | 1,480 | ▲ 1,520 | S |
| | 繰延税金負債 | | | 0 | - |
| | その他流動負債 | 2,007 | 912 | ▲ 1,095 | T |
| | 計 | 61,860 | 80,896 | 19,036 | - |
| 固定負債 | 長期借入金 | 83,800 | 70,400 | ▲ 13,400 | U |
| | 社債 | | | 0 | V |
| | 引当金 | | | 0 | W |
| | 繰延税金負債 | | | 0 | — |
| | その他固定負債 | | | 0 | X |
| | 計 | 83,800 | 70,400 | ▲ 13,400 | - |
| 純資産 | 株主資本 | 25,646 | 25,597 | ▲ 49 | - |
| | 評価・換算差額等 | | | 0 | Y |
| | 新株予約権 | | | 0 | Z |
| | 計 | 25,646 | 25,597 | ▲ 49 | - |
| | 計 | 171,306 | 176,893 | 5,587 | - |

28期 損益計算書より　（単位：千円）

| 科目 | 28期 | # |
|---|---|---|
| 税引前当期純利益 | 3,431 | a |
| 減価償却費(製造原価) ① | | b1 |
| 減価償却費(一般) ② | 3,089 | b2 |
| 繰延資産償却 ③ | | b3 |
| 特別償却 ④ | | b4 |
| ①+②+③+④ 計 | 3,089 | b |
| 有価証券売却益 ⑤ | | - |
| 有価証券売却損 ⑥ | | - |
| 有価証券評価損 ⑦ | | - |
| ⑤−⑥−⑦ 計 | 0 | c |
| 固定資産売却益 ⑧ | 400 | - |
| 固定資産売却損 ⑨ | | - |
| 固定資産除却損 ⑩ | 120 | - |
| ⑧−⑨−⑩ 計 | 280 | d |
| 法人税、住民税及び事業税 | 1,480 | e |

株主資本の変動(株主資本変動計算書より)

| 区分 | 科目 | 金額 | # |
|---|---|---|---|
| 前期末残高 | 資本金 ① | 10,000 | - |
| | 資本剰余金 ② | 0 | - |
| | 利益剰余金 ③ | 15,646 | - |
| | 自己株式 ④ | | - |
| | ①+②+③+④ | 25,646 | |
| 今期変動額 | 資本金の変動額 ⑤ | | f |
| | 資本剰余金の変動額 ⑥ | | g |
| | 利益剰余金の変動額 ⑦ | ▲ 49 | |
| | 剰余金の配当(マイナス入力) | ▲ 2,000 | h |
| | 当期純利益 | 1,951 | - |
| | 資本組入 | | i |
| | 資本剰余金取崩 | | j |
| | その他変動額 | | - |
| | 自己株式の取得 ⑧ | | k |
| | 自己株式の処分 ⑨ | | l |
| | 自己株式の消却 ⑩ | | m |
| 今期末残高 | 資本金 ①+⑤ | 10,000 | - |
| | 資本剰余金 ②+⑥ | 0 | - |
| | 利益剰余金 ③+⑦ | 15,597 | - |
| | 自己株式 ④+⑧+⑨+⑩ | 0 | - |
| | 今期 株主資本 計 | 25,597 | - |
| | B/S 株主資本との差異 | OK | - |

簡易キャッシュ・フロー計算書　（単位：千円）

| 科目 | 金額 | 備考 |
|---|---|---|
| Ⅰ.営業活動によるキャッシュ・フロー | | |
| 税引前当期純利益 | 3,431 | a |
| 減価償却費 | 3,089 | b |
| 売上債権増減 | ▲ 12,149 | ▲（A） |
| 棚卸資産増減 | ▲ 3,648 | ▲（B） |
| 買入債務増減 | 711 | O |
| 割引手形増減 | 15,740 | Q |
| 引当金増減 | 0 | W＋R−（M）−（G） |
| その他流動資産増減 | 20 | ▲（F） |
| その他流動負債増減 | ▲ 1,095 | T |
| 投資C/Fとの調整 | ▲ 280 | ▲（c＋d） |
| 法人税等支払額 | ▲ 3,000 | S−（e） |
| 計 | 2,819 | ① |
| Ⅱ.投資活動によるキャッシュ・フロー | | |
| 有価証券の取得・売却 | 0 | ▲（C＋J）＋c |
| 有形固定資産の取得・売却 | 8,400 | ▲（H）−（b1+b2+b4）＋d |
| 無形固定資産の取得・売却 | 0 | ▲（I） |
| 貸付金の貸付・回収 | 632 | ▲（D＋L） |
| その他の投資増減 | 0 | ▲（K）＋Y |
| 繰延資産増減 | 0 | ▲（N）−b3 |
| 計 | 9,032 | ② |
| Ⅲ.財務活動によるキャッシュ・フロー | | |
| 短期借入金の借入・返済 | 5,200 | P |
| 長期借入金の借入・返済 | ▲ 13,400 | U |
| 社債の発行・償還による収入 | 0 | V |
| 株式発行による収入 | 0 | f＋g＋i＋j＋m＋Z |
| 自己株式の取得による支出 | 0 | k＋l |
| 配当金の支払額 | ▲ 2,000 | h |
| その他固定負債の増減 | 0 | X |
| 計 | ▲ 10,200 | ③ |
| Ⅳ.当期キャッシュ・フロー | 1,651 | ④＝①＋②＋③ |
| Ⅴ.現金及び現金同等物の期首残高 | 12,894 | |
| Ⅵ.現金及び現金同等物の期末残高 | 14,545 | 0 |
| B/S現金預金との差異 | 0 | ◎−④ |

# 6－2CF（今期）

株式会社 ○○商会

貸借対照表 の2期間 推移　（単位：千円）

| 区分 | 科目 | 28期 | 29期 | 差異（今期−前期） | # |
|---|---|---|---|---|---|
| 資産の部 流動資産 | 現金預金 | 14,545 | 12,163 | ▲ 2,382 | ◎ |
| | 売上債権 | 82,602 | 84,244 | 1,642 | A |
| | 棚卸資産 | 27,215 | 25,683 | ▲ 1,532 | B |
| | 有価証券 | 0 | | 0 | C |
| | 短期貸付金 | 6,888 | 4,543 | ▲ 2,345 | D |
| | 繰延税金資産 | 0 | | 0 | - |
| | その他流動資産 | 3,780 | 3,685 | ▲ 95 | F |
| | 貸倒引当金 | ▲ 2,000 | ▲ 2,000 | 0 | G |
| | 計 | 133,030 | 128,318 | ▲ 4,712 | - |
| 固定資産 | 有形固定資産 | 18,713 | 16,186 | ▲ 2,527 | H |
| | 無形固定資産 | 300 | 300 | 0 | I |
| | 投資有価証券 | 11,000 | 11,000 | 0 | J |
| | その他投資 | 13,850 | 10,460 | ▲ 3,390 | K |
| | 長期貸付金 | 0 | | 0 | L |
| | 繰延税金資産 | 0 | | 0 | - |
| | 貸倒引当金 | 0 | | 0 | M |
| | 計 | 43,863 | 37,946 | ▲ 5,917 | - |
| | 繰延資産 | 0 | 0 | 0 | N |
| | 計 | 176,893 | 166,264 | ▲ 10,629 | - |
| 負債・純資産の部 流動負債 | 買入債務 | 39,005 | 37,983 | ▲ 1,022 | O |
| | 短期借入金 | 23,759 | 27,240 | 3,481 | P |
| | 割引手形 | 15,740 | 16,249 | 509 | Q |
| | 引当金 | 0 | | 0 | R |
| | 未払法人税等 | 1,480 | 70 | ▲ 1,410 | S |
| | 繰延税金負債 | 0 | | 0 | - |
| | その他流動負債 | 912 | 1,021 | 109 | T |
| | 計 | 80,896 | 82,563 | 1,667 | - |
| 固定負債 | 長期借入金 | 70,400 | 63,200 | ▲ 7,200 | U |
| | 社債 | 0 | | 0 | V |
| | 引当金 | 0 | | 0 | W |
| | 繰延税金負債 | 0 | | 0 | — |
| | その他固定負債 | 0 | | 0 | X |
| | 計 | 70,400 | 63,200 | ▲ 7,200 | - |
| 純資産 | 株主資本 | 25,597 | 20,501 | ▲ 5,096 | - |
| | 評価・換算差額等 | 0 | | 0 | Y |
| | 新株予約権 | 0 | | 0 | Z |
| | 計 | 25,597 | 20,501 | ▲ 5,096 | - |
| | 計 | 176,893 | 166,264 | ▲ 10,629 | - |

29期 損益計算書より　（単位：千円）

| 科目 | 29期 | # |
|---|---|---|
| 税引前当期純利益 | ▲ 3,026 | a |
| 減価償却費(製造原価) ① | | b1 |
| 減価償却費(一般) ② | 2,764 | b2 |
| 繰延資産償却 ③ | | b3 |
| 特別償却 ④ | | b4 |
| ①+②+③+④ 計 | 2,764 | b |
| 有価証券売却益 ⑤ | | - |
| 有価証券売却損 ⑥ | | - |
| 有価証券評価損 ⑦ | | - |
| ⑤−⑥−⑦ 計 | 0 | c |
| 固定資産売却益 ⑧ | | - |
| 固定資産売却損 ⑨ | | - |
| 固定資産除却損 ⑩ | 240 | - |
| ⑧−⑨−⑩ 計 | ▲ 240 | d |
| 法人税、住民税及び事業税 | 70 | e |

株主資本の変動(株主資本変動計算書より)

| 区分 | 科目 | 金額 | # |
|---|---|---|---|
| 前期末残高 | 資本金 ① | 10,000 | - |
| | 資本剰余金 ② | | - |
| | 利益剰余金 ③ | 15,597 | - |
| | 自己株式 ④ | | - |
| | ①+②+③+④ | 25,597 | |
| 今期変動額 | 資本金の変動額 ⑤ | | f |
| | 資本剰余金の変動額 ⑥ | | g |
| | 利益剰余金の変動額 ⑦ | ▲ 5,096 | |
| | 剰余金の配当(マイナス入力) | ▲ 2,000 | h |
| | 当期純利益 | ▲ 3,096 | - |
| | 資本組入 | | i |
| | 資本剰余金取崩 | | j |
| | その他変動額 | | - |
| | 自己株式の取得 ⑧ | | k |
| | 自己株式の処分 ⑨ | | l |
| | 自己株式の消却 ⑩ | | m |
| 今期末残高 | 資本金 ①+⑤ | 10,000 | - |
| | 資本剰余金 ②+⑥ | 0 | - |
| | 利益剰余金 ③+⑦ | 10,501 | - |
| | 自己株式 ④+⑧+⑨+⑩ | 0 | - |
| | 今期 株主資本 計 | 20,501 | - |
| | B/S 株主資本との差異 | OK | - |

簡易キャッシュ・フロー計算書　（単位：千円）

| 科目 | 金額 | 備考 |
|---|---|---|
| Ⅰ.営業活動によるキャッシュ・フロー | | |
| 税引前当期純利益 | ▲ 3,026 | a |
| 減価償却費 | 2,764 | b |
| 売上債権増減 | ▲ 1,642 | ▲（A） |
| 棚卸資産増減 | 1,532 | ▲（B） |
| 買入債務増減 | ▲ 1,022 | O |
| 割引手形増減 | 509 | Q |
| 引当金増減 | | W＋R−（M）−（G） |
| その他流動資産増減 | 95 | ▲（F） |
| その他流動負債増減 | 109 | T |
| 投資C/Fとの調整 | 240 | ▲（c＋d） |
| 法人税等支払額 | ▲ 1,480 | S−（e） |
| 計 | ▲ 1,921 | ① |
| Ⅱ.投資活動によるキャッシュ・フロー | | |
| 有価証券の取得・売却 | 0 | ▲（C＋J）＋c |
| 有形固定資産の取得・売却 | ▲ 477 | ▲（H）−（b1+b2+b4）＋d |
| 無形固定資産の取得・売却 | | ▲（I） |
| 貸付金の貸付・回収 | 2,345 | ▲（D＋L） |
| その他の投資増減 | 3,390 | ▲（K）＋Y |
| 繰延資産増減 | | ▲（N）−b3 |
| 計 | 5,258 | ② |
| Ⅲ.財務活動によるキャッシュ・フロー | | |
| 短期借入金の借入・返済 | 3,481 | P |
| 長期借入金の借入・返済 | ▲ 7,200 | U |
| 社債の発行・償還による収入 | | V |
| 株式発行による収入 | | f＋g＋i＋j＋m＋Z |
| 自己株式の取得による支出 | | k＋l |
| 配当金の支払額 | ▲ 2,000 | h |
| その他固定負債の増減 | | X |
| 計 | ▲ 5,719 | ③ |
| Ⅳ.当期キャッシュ・フロー | ▲ 2,382 | ④＝①＋②＋③ |
| Ⅴ.現金及び現金同等物の期首残高 | 14,545 | |
| Ⅵ.現金及び現金同等物の期末残高 | 12,163 | 0 |
| B/S現金預金との差異 | 0 | ◎−④ |

# ６－３CF（推移と分析）

株式会社 ○○商会

簡易キャッシュ･フロー計算書の推移 （単位：千円）

| 科　目 | 28期 | 29期 | 合計 |
|---|---|---|---|
| Ⅰ.営業活動によるキャッシュ･フロー | | | |
| 税引前当期純利益 | 3,431 | ▲ 3,026 | 405 |
| 減価償却費 | 3,089 | 2,764 | 5,853 |
| 売上債権増減 | ▲ 12,149 | ▲ 1,642 | ▲ 13,791 |
| 棚卸資産増減 | ▲ 3,648 | 1,532 | ▲ 2,116 |
| 買入債務増減 | 711 | ▲ 1,022 | ▲ 311 |
| 割引手形増減 | 15,740 | 509 | 16,249 |
| 引当金増減 | 0 | 0 | 0 |
| その他流動資産増減 | 20 | 95 | 115 |
| その他流動負債増減 | ▲ 1,095 | 109 | ▲ 986 |
| 投資C/Fとの調整 | ▲ 280 | 240 | ▲ 40 |
| 法人税等支払額 | ▲ 3,000 | ▲ 1,480 | ▲ 4,480 |
| | | | |
| | | | |
| 計 | 2,819 | ▲ 1,921 | 898 |
| Ⅱ.投資活動によるキャッシュ･フロー | | | |
| 有価証券の取得･売却 | 0 | 0 | 0 |
| 有形固定資産の取得･売却 | 8,400 | ▲ 477 | 7,923 |
| 無形固定資産の取得･売却 | 0 | 0 | 0 |
| 貸付金の貸付・回収 | 632 | 2,345 | 2,977 |
| その他の投資増減 | 0 | 3,390 | 3,390 |
| 繰延資産増減 | 0 | 0 | 0 |
| | | | 0 |
| 計 | 9,032 | 5,258 | 14,290 |
| Ⅲ.財務活動によるキャッシュ･フロー | | | |
| 短期借入金の借入･返済 | 5,200 | 3,481 | 8,681 |
| 長期借入金の借入･返済 | ▲ 13,400 | ▲ 7,200 | ▲ 20,600 |
| 社債の発行・償還による収入 | 0 | 0 | 0 |
| 株式発行による収入 | 0 | 0 | 0 |
| 自己株式の取得による支出 | 0 | 0 | 0 |
| 配当金の支払額 | ▲ 2,000 | ▲ 2,000 | ▲ 4,000 |
| その他固定負債の増減 | 0 | 0 | 0 |
| 計 | ▲ 10,200 | ▲ 5,719 | ▲ 15,919 |
| Ⅳ.当期キャッシュ･フロー | 1,651 | ▲ 2,382 | ▲ 731 |
| Ⅴ.現金及び現金同等物の期首残高 | 12,894 | 14,545 | 12,894 |
| Ⅵ.現金及び現金同等物の期末残高 | 14,545 | 12,163 | 12,163 |

キャッシュ・フロー分析表 （単位：千円）

| | | 28期 | 29期 | 合計 |
|---|---|---|---|---|
| Ⅰ．フリー・キャッシュ・フロー | | | | |
| 税引前当期純利益 | | 3,431 | ▲ 3,026 | 405 |
| 減価償却費 | | 3,089 | 2,764 | 5,853 |
| その他非資金損益(固定資産売却等損益) | | ▲ 280 | 240 | ▲ 40 |
| 引当金増減 | | 0 | 0 | 0 |
| 法人税等の支払額 | | ▲ 3,000 | ▲ 1,480 | ▲ 4,480 |
| グロス・キャッシュ・フロー | A | 3,240 | ▲ 1,502 | 1,738 |
| 売上債権増減（割手含む） | | 3,591 | ▲ 1,133 | 2,458 |
| 棚卸資産増減 | | ▲ 3,648 | 1,532 | ▲ 2,116 |
| 仕入債務増減 | | 711 | ▲ 1,022 | ▲ 311 |
| その他営業キャッシュ・フロー | | ▲ 1,075 | 204 | ▲ 871 |
| 運転資本増減 | B | ▲ 421 | ▲ 419 | ▲ 840 |
| 営業活動によるキャッシュ・フロー(A+B) | C | 2,819 | ▲ 1,921 | 898 |
| 投資活動によるキャッシュ・フロー | D | 9,032 | 5,258 | 14,290 |
| フリー・キャッシュ・フロー(C+D) | E | 11,851 | 3,337 | 15,188 |
| 財務活動によるキャッシュ・フロー | F | ▲ 10,200 | ▲ 5,719 | ▲ 15,919 |
| 当期キャッシュ・フロー(C+D+F) | H | 1,651 | ▲ 2,382 | ▲ 731 |
| Ⅱ．資金過不足と調達 | | | | |
| 運転資本増減 | B | ▲ 421 | ▲ 419 | ▲ 840 |
| 控除：割引手形増減 | I | 15,740 | 509 | 16,249 |
| 営業資金過不足(B-I) | J | ▲ 16,161 | ▲ 928 | ▲ 17,089 |
| グロス・キャッシュ・フロー | A | 3,240 | ▲ 1,502 | 1,738 |
| 長期借入金の借入・返済 | | ▲ 13,400 | ▲ 7,200 | ▲ 20,600 |
| 社債の発行・償還による収入 | | 0 | 0 | 0 |
| 株式発行による収入 | | 0 | 0 | 0 |
| 自己株式の取得による支出 | | 0 | 0 | 0 |
| 配当金の支払額 | | ▲ 2,000 | ▲ 2,000 | ▲ 4,000 |
| その他固定負債の増減 | | 0 | 0 | 0 |
| 投融資資金調達計 | K | ▲ 12,160 | ▲ 10,702 | ▲ 22,862 |
| 投資活動によるキャッシュ・フロー | D | 9,032 | 5,258 | 14,290 |
| 投融資資金運用計 | D | 9,032 | 5,258 | 14,290 |
| 投融資資金過不足(K+D) | L | ▲ 3,128 | ▲ 5,444 | ▲ 8,572 |
| 割引手形増減 | I | 15,740 | 509 | 16,249 |
| 短期借入金の借入・返済 | | 5,200 | 3,481 | 8,681 |
| 短期資金調達計 | M | 20,940 | 3,990 | 24,930 |
| 総合資金増減高(J+L+M) | N | 1,651 | ▲ 2,382 | ▲ 731 |

# あとがき

**「なぜ、中小企業の経営に『事業計画書』が重要なのか？」という問いに対する私の考えと、そこに至った私の思いについての、ほんの少し長めの「あとがき」**

それは、私がまだ銀行に勤めていたある年の12月25日のこと。年の瀬が押し迫っているとはいえ、街のあちこちにクリスマス気分が漂う朝でした。

朝9時。いつもと同じように銀行のシャッターが開きました。と同時に、私に1本の電話がありました。

「伊藤さん、○○社長から電話です」

女性行員が言いました。

「あれ？　○○社長が朝一番で電話をかけてくるなんてどうしたんだろう？」

ふと疑問に思いながら、電話を替わりました。

すると、いつもの明るい調子ではなく、力ない声の社長が開口一番こう言いました。

「伊藤くん、もうダメだ。倒産することになった。いろいろ面倒かけることになるけど、ほんと申し訳ないね」

かける言葉がありませんでした。

その社長の融資をお断りしたのは約2カ月前のこと。どうしても支店内協議で追加の融資が通らなかったのです。それを伝えに行った後、社長は資金繰りに奔走したことかと思います。万策尽きた結果が、先ほどの電話でした。

その社長を担当したのは約2年ほどでした。

担当当初は、まだいい状況でしたので、

「社長、お金借りてくださいよ」

と言うこともあり、融資だけでなく定期預金やクレジットカード作成など、いろいろつき合ってもらいました。明るく気さくな社長で、私が行くといつも歓迎してくれました。ゴルフの話など趣味の話もよくしたものです。

それが、わずか2年足らずで倒産。あの力のない社長の声を聞いて、それまでのことが走馬灯のように思い出されました。と同時に、つき合いの融資ではなく、銀行員として、何かもっとほかにできることはあったのでは……。

そう思えてなりませんでした。

その電話の後、弁護士からの破産決定受任通知が届き、代位弁済《だいいべんさい》（債務を債務者以外の者が弁済すること）などの手続きを粛々と行いました。

こんなこともありました。

「お願いします、返済をもう少しだけ待ってください。お願い」

その女性は、泣きながら私の腕にすがり、床を這うほどの低姿勢で何度もそう懇願しました。

これも私が銀行員時代のことです。4カ月以上融資の返済の延滞をしていた女性の元へ督促に何度か足を運んでいました。

彼女が「この日まで待ってほしい」と言う期限まで待とうとした私を、支店長が一喝したのです。

「そんな甘いことを言ってるんじゃない！　当行がどういう状況かわかっているのか？さっさと代弁（代位弁済）の手続きをとれ」

4カ月も延滞すれば代位弁済の手続きを行うことは規定となっており、支店長が言うことはもっともです。

やむなく本人の元へ伝えに行ったときの情景です。

女性に泣いてすがりつかれる。

そんな経験は、後にも先にもこの時だけです。

あのときのその人の泣き顔が今も目に焼きついて離れません。本当に、やりきれない思いをしました。

なぜ私はもう少し早く手を打とうとしなかったのだろうか。

何か私にできることはなかったのだろうか。

銀行にできることはなんだったのだろうか。

また、

「お金を借りたいんです。それから、今の借り入れを一つにまとめることはできませんか？」

と、少し憔悴《しょうすい》した様子でローンの相談に訪れた若い女性に、何の感情もなく、

「その状況では厳しいです」

と、10分も話を聞くことなくお断りしたこともあります。

キャッシングなど複数の借り入れが１００万円、収入はわずかなアルバイト収入だったと記憶しています。

状況から見て、どの銀行へ行っても厳しいことは厳しかったのですが、もう少し目の前のお客様に寄り添った対応ができなかったのか。

いくら日々の忙しさに追われていたとはいえ、もうちょっと借りる人の身になった断り方をなぜしなかったのだろうか。

前述の社長のことも、泣きながら私の腕にすがってきた女性のことも、この若い女性も、銀行員として何か自分にもできることがあったのではないのかと心残りは増すばかりでした。誰だってなるべくお金は借りたくないし、借りる人にも借りる事情がある。どうしたらいいかわからず、恐る恐る銀行に助けを求めに来る人もいるかもしれない。

もっと人の気持ちを親身になって考え、自分もお客様も共に向上できる仕事がしたい……。

そう思っていた矢先、後に転職先となる生命保険会社の所長から、こう声をかけられました。

「保険を売るということは考えず、伊藤くんは今まで通り中小企業の経営者さんに銀行融資のアドバイザーという視点で貢献していってほしい。その結果、保険がついてくればいいじゃないですか」

そうか、それなら銀行員時代に培ったスキルが生かせる！

そう思って入行10年を区切りに転職を決意しました。

生命保険会社時代の私は、銀行員時代のスキルと、持ち前のガッツ、攻めの営業スタイルが功を奏し、平均2～3年で辞めてしまう業界平均の外交員と比べると、それなりに恵まれた成績を収めていたと思います。おかげさまで、毎年海外で表彰されるほどの成績を収めることもできました。

しかし、保険営業に限ったことではないかもしれませんが、輝かしい営業成績を挙げて顧客が増えれば増えるほど、お客様一人ひとりにかけられる時間が少なくなる現状がありました。

財務顧問、銀行取引アドバイザー的な立ち位置で、お客様に寄り添った担当者でありたい……。そう思っても、その一方で毎年毎年新規の保険契約を上げ続けていかなくてはなりません。気が付くと被保険者数が１０００人を超えていました。

もっとお客様に真摯に向き合い、寄り添い、共に歩んでいきたい。

そんな思いから独立し、立ち上げたのが株式会社ライズフローです。

２０１９年のことでした。

社名には、

「関わる全てのヒトと企業に上昇（ライズ）する流れ（フロー）をつくる」

という思いをこめました。私と私の会社に関わっていただくすべての人と企業が上昇の流れに乗れるようにと願ったのです。

今、私は、主に中小企業の経営者の皆さんの財務サポート、とりわけ資金繰り、資金調達などのお手伝いを行っています。

中小企業経営者の仕事には、売り上げや利益、従業員のことも含めた経営、そして、資金繰り、資金調達、銀行との交渉などの財務、決算や納税などの税務、仕分けや記帳などの経理があります。

そのいずれも欠けてはならないものではありますが、私はその中の経営と財務をお手伝いさせていただいています。この本に書いたような事業計画書をはじめとした文書の作成や、決算時どのような決算書を金融機関が好むかなどのアドバイスをするほか、最近はセールスモデル構築のお手伝いや、クライアント獲得セミナーなども行っています。

また、保険営業での経験から、その会社がどんな営業をしているのか、どう営業したらもっとよくなるのかということが明確にイメージできるので、その会社の従業員さんにアポの取り方や営業トークの展開の仕方、ヒアリングの方法などを教えるほか、営業先への同行訪問や、営業顧問としても活動しています。

幸い、喜んでいただけるお客様の数も増え、大変心苦しい思いはあるものの面談の予約をお待ちいただくこともあるようになりました。

それでも銀行員・生保営業マン時代とは違ってさまざまな方々のお手伝いができており、それぞれの案件に対してきちんと時間を取り、「人」を見ながら思い切りやれていることに幸せを感じています。

今後の私の目標は、この先5年間で中小企業1000社のサポートを達成すること。もちろん、この数字は私ひとりで成し得るものではありません。自分ひとりではなく、税理士さんや士業の方など、いろいろな専門家とタッグを組んで、チームとして専門性の高い完全サポートチームを作り、近い将来そのチームを拡大して日本中の中小企業経営者のあらゆる

「困った」を解決できるようになりたいと考えています。

また、日本の金融業界は、目先の収益にばかり目が向いて、本来の仕事ができにくくなってしまっていると感じています。かつて希望に胸をふくらませて銀行に入行した自分だからこそ、その状態を憂えてもいます。できることなら銀行そのものの体質が変わって、銀行本来の仕事に邁進《まいしん》できるようになってほしい。そのために、自分のノウハウが銀行から必要とされるような事業プランを作ることも目標に掲げています。


これが私の起業の理念・思いであり、将来的な目標です。

私はこれを実現するための一歩としてこの本を書きました。

読者の皆さんの中から、ひとりでも多くの方がこの本を読んだことで事業計画書の重要性に目覚め、金融機関に応援されて、それぞれの到達したい未来に近づけることを願っています。そして、ひとりでも多くの方とその神髄を分かち合えるよう、この本をぜひご友人にお渡しください。そのご友人が笑顔になれるよう、お勧めいただけたらありがたいです。


本書を刊行するにあたり、クライアント様はじめ、これまで出会った方々、そしてご支援、ご指導いただいたすべての方々に心よりお礼申し上げます。

また、いつも私を応援し、支え続けてくれる妻と3人の子どもにもありがとう。

そして、私をこの世に送り出し、誇りを持って働くことの尊さを教えてくれた両親には全く親孝行できておりませんが、もっと長生きしてほしいと願いつつ、心からの感謝と敬意を示します。

最後まで読んでくださって、ありがとうございました。

伊藤 茂

## 伊藤 茂（いとう しげる）

株式会社ライズフロー 代表取締役
1992 年 東海大学教養学部国際学科卒業。

2002 年 千葉県の地方銀行に入行。10 年間の在籍中に 1000 件以上の稟議書を書き、法人融資案件・事業再生案件に携わった後、大手生命保険会社に転職。入社 3 カ月目の成績は 3 件成約のみの最下位だったが、銀行員時代の法人対応の経験を生かし、持ち前のガッツと攻めの営業で頭角を現す。

在職中は、新人営業マンの登竜門であるルーキーズカップベストオブマンスをはじめ、社長杯 13 回入賞を達成。16 年にわたって法人保険特化のコンサルティング営業を務め、社内最高位であるエグゼクティブプランナーとなる。同時に、世界中の生命保険・金融サービス専門職のトップセールスのメンバーで構成される国際組織 MDRT（Million Dollar Round Table）の成績資格終身会員に 14 回登録。

その後、中小企業・小規模事業の経営者一人ひとりにもっと寄り添ったコンサルティングをしたいと考え、独立を決意。2019 年、「関わる全てのヒトと企業に上昇（ライズ）する流れ（フロー）をつくる」というコンセプトのもとに株式会社ライズフローを設立する。

現在は、銀行員時代に培った事業再生・経営改善・事業計画作成スキルを軸に、多くの中小企業・小規模事業経営者の財務・経営面の参謀として資金繰り・資金調達をサポート。また、経営資源別の事業分析からコンサルティングを行えることも強みである。クライアントからは、「ここまで真剣に考えてくれるコンサルタントは伊藤さんがはじめて」と好評を得ている。

また、次世代の財務・経営参謀を育てるべく、資金調達や営業スキル、法人クライアント獲得セミナーなども開催するほか、営業顧問、営業指導も請け負っている。

趣味はゴルフ。クライアントとコースを回るのは、普段の面談では出てこない本音や悩みなどが聞ける絶好の機会であり、互いに親ぼくを深める貴重なチャンスととらえ日夜鍛錬中。ちなみにハンディは 12。「今年中にシングルプレーヤーになる！」と宣言してからなれずになぜか 3 年が経過したが、「今年こそは！」と奮起。本書の出版とともにシングルを達成してさらなる飛躍を狙う。

保有資格
一般社団法人 BCP 協会　上級 BCP 診断士
一般社団法人融資コンサルタント協会　SP 融資コンサルタント
日本ファイナンシャルプランナー協会　AFP 資格
認定経営革新等支援機関（2021 年認定予定）

https://riseflow.co.jp/

【解決できるチーム】

《弊社提携士業》
・税理士（各種税務・相続・事業承継・国際税務・Ｍ＆Ａ）４名
・公認会計士（経営戦略・事業譲渡）１名
・特定社会保険労務士（人事・採用）２名
・中小企業診断士（補助金・助成金）２名
・行政書士（相続手続・国際福祉）２名
・弁護士（企業法務・事業承継・個人）３名
・司法書士（登記）１名
《提携エージェント》
・人材採用（新卒採用・中途採用）２社
・メンタルヘルス、産業医２社
・企業広報代行１社
・通信ネットワーク、セキュリティ対策１社
・各種コスト削減２社

金融機関《きんゆうきかん》が思《おも》わず応援《おうえん》したくなる
事業計画書《じぎょうけいかくしょ》の活《い》かし方《かた》

稟議書《りんぎしょ》を書《か》いて銀行融資《ぎんこうゆうし》を1000件実行《けんじっこう》してきた
資金調達《しきんちょうたつ》コンサルタントが伝《つた》える

2020年11月27日 初版第1刷

著者／伊藤《いとう》 茂《しげる》

発行人／松崎義行

発行／みらいパブリッシング

〒166-0003 東京都杉並区高円寺南4-26-12 福丸ビル6F
TEL 03-5913-8611　FAX 03-5913-8011

https://miraipub.jp　E-mail:info@miraipub.jp

企画協力／Jディスカヴァー

編集／田川妙子

ブックデザイン／則武 弥（ペーパーバック）

発売／星雲社（共同出版社・流通責任出版社）

〒112-0005 東京都文京区水道1-3-30
TEL 03-3868-3275　FAX 03-3868-6588

印刷・製本／株式会社上野印刷所


ISBN978-4-434-28197-6 C0034